MÁRIO MASCARENHAS

O Melhor da Música Popular Brasileira

Com cifras
para
Piano, Órgão, Violão e Acordeon

4.º Volume

© Copyright 1982 by Irmãos Vitale S.A. Ind. e Com. - São Paulo - Rio de Janeiro - Brasil.
Todos os direitos autorais reservados para todos os países - All right reserved.

221-A
IRMÃOS VITALE
Editores
Brasil

CIP-BRASIL. CATALOGAÇÃO NA FONTE
SINDICATO NACIONAL DOS EDITORES DE LIVROS - RJ.

M461m
v. 4

Mascarenhas, Mário, 1929-1992
   O melhor da música popular brasileira, volume 4 : com cifras para piano, órgão, violão e acordeon / Mário Mascarenhas. - São Paulo : Irmãos Vitale, 2011.
   160p. : música

   ISBN 85-85188-79-0
   ISBN 978-85-85188-79-5

   1. Música popular - Brasil.
   2. Partituras.
     I. Título.

11-0998.
CDD: 784.500981
CDU: 78.067.26(81)

21.02.11   22.10.11   024665

Mário Mascarenhas

Mário Mascarenhas é o autor desta magnífica enciclopédia musical, que por certo irá encantar não só os músicos brasileiros como também os músicos de todo mundo, com estas verdadeiras e imortais obras primas de nossa música.

Desenho original da capa: *Lan*

PREFÁCIO

Como um colar de pérolas, diamantes, safiras, esmeraldas, o Professor Mário Mascarenhas junta, nesta obra, as verdadeiras e imortais obras primas da Música Popular Brasileira, em arranjos para piano mas que também podem ser executados por órgão, violão e acordeon. A harmonização foi feita com encadeamento moderno de acordes.

Quando se escrever a verdadeira História da Música Popular Brasileira, um capítulo terá de ser reservado a Mário Mascarenhas. Em todo o seu trabalho ele só tem pensado na música popular do seu país. Horas a fio pesquisando, trabalhando, escrevendo música, ele se tornou o verdadeiro defensor de nossos ritmos, consagrando-se em todas as obras que já editou de nossa cultura musical.

A coleção, "O Melhor da Música Popular Brasileira", inicia-se com 5 volumes, contendo cada um 100 sucessos ocorridos nos últimos 60 anos, mostrando tudo o que se compôs no terreno popular desde 1920, quando a nossa música ensaiou os primeiros passos, que depois a consagraram dentro e fora do país.

A Editora Vitale, que agradece a colaboração das editoras que se fizeram presentes nesta obra, escolheu o Professor Mário Mascarenhas, não só pelo seu extraordinário talento musical demonstrado há mais de quarenta anos, como, também, pela excelência de seus arranjos e pela qualidade que ele imprime ao trabalho que realiza. São arranjos modernos, o que prova a atualidade do Professor, à sua percepção do momento, porque, para ele, os anos se foram apenas no calendário. Mário Mascarenhas continua jovem com seu trabalho, dentro de todos os padrões musicais em melodias que já passaram e de outras que ainda estão presentes.

Mascarenhas diz que o samba, com seu ritmo sincopado e exótico que circula em nosso sangue, atravessa nossas fronteiras e vai encantar outros povos, com sua cadência e ginga deliciosas. E a música popular brasileira, no seu entender é a alma do povo que traduz o nosso passado através dos seus ritmos sincopados, que herdamos dos cantos langorosos dos escravos trazidos em navios-negreiros, com seus batuques, lundus, maracatus, congadas, tocados e cantados nas senzalas.

Nossa Música Popular se origina também dos cantos guerreiros e danças místicas de nossos índios e principalmente na música portuguesa transmitida pelos jesuítas e colonizadores, como sejam as cantigas de roda, fados e modinhas falando de amor.

Diz ainda o Professor Mascarenhas que a nossa música popular é inspirada também nas valsas, quadrilhas, xotes, marchas e polcas, dançadas pelas donzelas de anquinhas, tudo como se fosse uma exposição de quadros de Debret, pintados com palheta multicor de tintas sonoras.

Hoje, cada vez mais incrustada em nosso sangue, a nova Música Popular Brasileira surge modernizada, com roupagem, estrutura e forma, criados por inúmeros compositores atuais, alicerçados, porém nas velhas raízes popularescas.

A Editora Vitale tem, portanto, orgulho de apresentar "O Melhor da Música Popular Brasileira" em um trabalho do Professor Mário Mascarenhas. Agradecimentos a todos os autores e todas as editoras que vieram colaborar nesta autêntica enciclopédia musical, a primeira que é apresentada no Brasil.

Everardo Guilhon

HOMENAGEM

Dedico esta obra, como uma "Homenagem Póstuma", ao grande incentivador de nossa Música Popular Brasileira, o Snr. Emílio Vitale.

AGRADECIMENTOS

Com o mais alto entusiasmo, agradeço aos meus grandes amigos que colaboraram com tanta eficiência, trabalho e carinho nos arranjos desta obra.

Foram eles: Thomaz Verna, diretor do Departamento Editorial de Irmãos Vitale, a Pianista Professora Belmira Cardoso, o conceituado Maestro José Pereira dos Santos e o notável Maestro e Arranjador Ely Arcoverde.

Numa admirável comunhão de idéias, cada um demonstrou sua competência e entusiasmo, compreendendo o meu pensamento e a minha ânsia de acertar e de realizar este difícil trabalho em pról de nossa Música Popular Brasileira.

À FERNANDO VITALE

Ao terminar esta obra, empolgado pela beleza e variedade das peças, as quais são o que há de melhor de nosso Cancioneiro Popular, deixo aqui minhas palavras de congratulações ao Snr. Fernando Vitale, idealizador desta coleção.

Além de me incentivar a elaborar este importante e grande trabalho, Fernando Vitale, foi verdadeiramente dinâmico e entusiasta, não poupando esforços para que tudo se realizasse com esmero e arte.

Ele idealizou e realizou, prevendo que esta coleção seria de grande utilidade para os amantes de nossa Maravilhosa Música Popular Brasileira.

À LARRIBEL E M.º MOACYR SILVA

Aos amigos Larribel, funcionário de Irmãos Vitale e M.º Moacyr Silva, meus agradecimentos pelo imenso trabalho que tiveram na escolha e seleção conscienciosa das peças.

ÀS EDITORAS DE MÚSICA

Não fôra a cooperação e o espírito de solidariedade de todas as EDITORAS, autorizando a inclusão de suas belas e imortais páginas de nossa música, esta obra não seria completa.

Imensamente agradecido, transcrevo aqui os nomes de todas elas, cujo pensamento foi um só: enaltecer e difundir cada vez mais nossa extraordinária e mundialmente admirada MÚSICA POPULAR BRASILEIRA!

ALOISIO DE OLIVEIRA
ANTONIO CARLOS JOBIM
ARY BARROSO
BADEN POWELL
"BANDEIRANTE" EDITORA MUSICAL LTDA
"CARA NOVA" EDITORA MUSICAL LTDA
"CRUZEIRO" MUSICAL LTDA
CARLOS LYRA
CHIQUINHA GONZAGA
EBRAU
"ECRA" REALIZAÇÕES ARTÍSTICAS LTDA
EDIÇÕES "EUTERPE" LTDA
EDIÇÕES "INTERSONG" LTDA

EDIÇÕES MUSICAIS "HELO" LTDA
EDIÇÕES MUSICAIS "MOLEQUE" LTDA
EDIÇÕES MUSICAIS "PÉRGOLA" LTDA
EDIÇÕES MUSICAIS "SAMBA" LTDA
EDIÇÕES MUSICAIS "SATURNO" LTDA
EDIÇÕES MUSICAIS "TAPAJÓS" LTDA
EDIÇÕES MUSICAIS "TEMPLO" LTDA
EDIÇÕES "TIGER" MÚSICA E DISCO LTDA
EDITORA "ARTHUR NAPOLEÃO" LTDA
EDITORA CLAVE MUSICAL LTDA
EDITORA "COPACOR" LTDA
EDITORA DE MÚSICA "INDUS" LTDA
EDITORA DE MÚSICA "LYRA" LTDA
EDITORA "DRINK" LTDA
EDITORA "GAPA-SATURNO" LTDA
EDITORA GRÁFICA E FONOGRÁFICA "MARÉ" LTDA
EDITORA MUSICAL "AMIGOS" LTDA
EDITORA MUSICAL "ARLEQUIM" LTDA
EDITORA MUSICAL "ARAPUÃ" LTDA
EDITORA MUSICAL BRASILEIRA LTDA
EDITORA MUSICAL "PIERROT" LTDA
EDITORA MUSICAL "RCA" LTDA
EDITORA MUSICAL "RCA JAGUARÉ" LTDA
EDITORA MUSICAL "RCA LEME" LTDA
EDITORA MUSICAL "RENASCÊNÇA" LTDA
EDITORA "MUNDO MUSICAL" LTDA
EDITORA "NOSSA TERRA" LTDA
EDITORA "RIO MUSICAL" LTDA
EDITORA MUSICAL "VIÚVA GUERREIRO" LTDA
ERNESTO AUGUSTO DE MATTOS (E. A. M.)
ERNESTO DORNELLAS (CANDOCA DA ANUNCIAÇÃO)
FERMATA DO BRASIL LTDA
"FORTALEZA" EDITORA MUSICAL LTDA
"GRAÚNA" EDIÇÕES MUSICAIS LTDA
GUITARRA DE PRATA INSTRUMENTOS DE MÚSICA LTDA
HENRIQUE FOREIS (ALMIRANTE)
I.M.L. — TUPY — CEMBRA LTDA
ITAIPU EDIÇÕES MUSICAIS LTDA
JOÃO DE AQUINO
"LEBLON" MUSICAL LTDA
"LOUÇA FINA" EDIÇÕES MUSICAIS LTDA
"LUANDA" EDIÇÕES MUSICAIS LTDA
MANGIONE & FILHOS CO. LTDA
MELODIAS POPULARES LTDA
"MUSIBRAS" EDITORA MUSICAL LTDA
"MUSICLAVE" EDITORA MUSICAL LTDA
"MUSISOM" EDITORA MUSICAL LTDA
PÃO E POESIA" EDIÇÕES MUSICAIS LTDA
PAULO CESAR PINHEIRO
RICORDI BRASILEIRA LTDA
"SEMPRE VIVA" EDIÇÕES MUSICAIS LTDA
"SERESTA" EDIÇÕES MUSICAIS LTDA
"TODAMERICA" MÚSICA LTDA
"TONGA" EDITORA MUSICAL LTDA
"TRÊS MARIAS" EDITORA MUSICAL LTDA
"TREVO" EDITORA MUSICAL LTDA

Mário Mascarenhas

Índice

	Pág.
ALÉM DO HORIZONTE - Roberto Carlos e Erasmo Carlos	241
AMOR CIGANO - Bolero - Mário Mascarenhas	127
APENAS UM RAPAZ LATINO AMERICANO - Rock Balada - Belchior	130
ARGUMENTO - Paulinho da Viola	178
ARRASTA A SANDÁLIA - Samba - Oswaldo Vasques e Aurélio Gomes	180
ATIRE A PRIMEIRA PEDRA - Samba - Ataulfo Alves e Mário Lago	138
A VOZ DO VIOLÃO - Samba Canção - Francisco Alves e Horácio Campos	140
BAIÃO - Luiz Gonzaga e Humberto Teixeira	22
BAIÃO DE DOIS - Humberto Teixeira e Luiz Gonzaga	18
BANDEIRA BRANCA - Marcha Rancho - Max Nunes e Laércio Alves	20
BEIJINHO DOCE - Valsa - Nhô Pai	203
CABELOS BRANCOS - Samba - Marino Pinto e Heriveltro Martins	109
CAMA E MESA - Roberto Carlos e Erasmo Carlos	10
CAMISOLA DO DIA - Samba Canção - Herivelto Martis e David Nasser	74
CANÇÃO DE AMOR - Samba - Elano de Paula e Chocolate	16
CANTA BRASIL - Samba - Alcyr Pires Vermelho e David Nasser	34
CASA DE BAMBA - Samba - Martinho da Vila	198
CASCATA DE LÁGRIMAS - Valsa Choro - Moacyr Braga	124
COMO É GRANDE MEU AMOR POR VOCÊ - Roberto Carlos	170
COMEÇARIA TUDO OUTRA VEZ - Gonzaga Júnior	56
COMO DIZIA O POETA - Toquinho e Vinícius de Moraes	238
CONVERSA DE BOTEQUIM - Samba Canção - Noel Rosa e Vadico	232
COPACABANA - Samba - João de Barro e Alberto Ribeiro	168
COTIDIANO - Chico Buarque de Hollanda	114
CURARE - Choro - Bororó	70
DELICADO - Baião - Waldir Azevedo	42
DESACATO - Samba - Antonio Carlos e Jocafi	182
DE PAPO PRO Á - Cateretê - Joubert de Carvalho e Olegário Mariano	146
DE TANTO AMOR - Roberto Carlos e Erasmo Carlos	206
DISRITIMIA - Martinho da Vila	59
DOCE DE CÔCO - Choro - Jacob do Bandolim	45
DÓ-RÉ-MI - Samba Canção - Fernando Cesar	166
É LUXO SÓ - Samba - Ary Barroso e Luiz Peixoto	24
EVOCAÇÃO - Frêvo - Nelson Ferreira	164
FALTANDO UM PEDAÇO - Djavan	226
FEITIO DE ORAÇÃO - Samba Canção - Vadico e Noel Rosa	150
GOSTAVA TANTO DE VOCÊ - Samba - Edson Trindade	77
GOTA D'ÁGUA - Samba - Chico Buarque de Hollanda	80
JARDINEIRA - Marcha - Benedito Lacerda e Humberto Porto	160
LAURA - Samba Canção - Alcyr Pires Vermelho e João de Barro	158
LEVANTE OS OLHOS - Samba Canção - Silvio Cesar	234
LINDA FLOR (Yayá) - Henrique Vogeler, C. Costa, L. Peixoto e M. Porto	152
LOBO BÔBO - Samba - Carlos Lyra e Ronaldo Bôscoli	143
MANHÃ DE CARNAVAL (Canção de Orfeu) - Luiz Bonfá e A. Maria	208
MANINHA - Valsa - Chico Buarque de Hollanda	112
MENINO DO RIO - Caetano Veloso	210
MENSAGEM - Samba Choro - Cícero Nunes e Aldo Cabral	54
MEU CONSOLO É VOCÊ - Samba - Nássara e Roberto Martins	66

	Pág.
MIMI - Valsa Canção - Uriel Lourival	220
MINHA - Canção - Francis Hime e Ruy Guerra	72
MINHA NAMORADA - Carlos Lyra e Vinícius de Moraes	217
MINHA TERRA - Canção - Waldemar Henrique	86
MULHERES DE ATENAS - Beguine - Chico Buarque de Hollanda e Augusto Boal	82
NA CADÊNCIA DO SAMBA - Samba - Ataulfo Alves e Paulo Gesta	52
NA GLÓRIA - Choro - Raul de Barros e Ary dos Santos	8
NADA ALÉM - Fox Canção - Custódio Mesquita e Mário Lago	96
NÃO SE ESQUEÇA DE MIM - Roberto Carlos e Erasmo Carlos	162
NAQUELA MESA - Samba - Sérgio Bittencourt	200
NÃO TEM SOLUÇÃO - Samba Canção - Dorival Caymmi e Carlos Guinle	134
NATAL DAS CRIANÇAS - Valsinha de Roda - Blecaute	50
NERVOS DE AÇO - Samba - Lupicínio Rodrigues	224
NINGUÉM ME AMA - Samba Canção - Fernando Lobo e Antônio Maria	48
NONO MANDAMENTO - Samba Canção - Renê Bittencourt e Raul Sampaio	27
NUNCA MAIS - Samba Canção - Dorival Caymmi	189
O BARQUINHO - Roberto Menescal e Ronaldo Bôscoli	155
O CIRCO - Canção - Sidney Miller	244
O INVERNO DO MEU TEMPO - Samba Canção - Cartola e Roberto Nascimento	40
OLHA - Roberto Carlos e Erasmo Carlos	186
OHOS NOS OLHOS - Samba Canção - Chico Buarque de Hollanda	84
O MAR - Canção Praieira - Dorival Caymmi	247
O PATO - Samba Bossa - Jayme Silva e Neuza Teixeira	116
O PROGRESSO - Roberto Carlos e Erasmo Carlos	175
O QUE EU GOSTO DE VOCÊ - Samba - Sylvio Cesar	230
O SAMBA DA MINHA TERRA - Samba - Dorival Caymmi	136
O SOL NASCERÁ - Samba - Cartola e Elton Medeiros	236
O SURDO - Samba - Totonho e Paulinho Rezende	172
OS ALQUIMISTAS ESTÃO CHEGANDO - Jorge Ben	98
OS QUINDINS DE YAYÁ - Samba - Ary Barroso	62
PARA VIVER UM GRANDE AMOR - Samba - Toquinho e Vinícius de Moraes	214
PASSAREDO - Toada - Francis Hime e Chico Buarque de Hollanda	118
PÉROLA NEGRA - Luiz Melodia	91
PIERROT - Canção - Joubert de Carvalho e Paschoal Carlos Magno	94
QUANDO - Roberto Carlos	106
QUEM HÁ DE DIZER - Lupicínio Rodrigues e Alcides Gonçalves	88
RIO - Samba - Roberto Menescal e Ronaldo Bôscoli	30
SAIA DO CAMINHO - Samba - Custódio Mesquita e Ewaldo Ruy	120
SE É TARDE ME PERDÔA - Samba - Carlos Lyra e Ronaldo Bôscoli	212
SONOROSO - Choro - Sebastião Barros (K-ximbinho)	196
SUGESTIVO - Choro - Moacyr Silva	122
SÚPLICA CEARENSE - Samba - Gordurinha e Nelinho	13
TÁ-HI (PRÁ VOCÊ GOSTAR DE MIM) - Marcha Canção - Joubert de Carvalho	38
TEREZINHA - Valsinha - Chico Buarque de Hollanda	104
TEREZA DA PRAIA - Samba - Antonio Carlos Jobim e Billy Blanc	192
TRANSVERSAL DO TEMPO - João Bosco e Aldir Blanco	194
TRÊS APITOS - Samba Canção - Noel Rosa	184
ÚLTIMA INSPIRAÇÃO - Valsa - Peterpan	228
UPA, NEGUINHO - Samba - Edu Lobo e Gianfrancesco Guarnieri	68
URUBÚ MALANDRO - Choro - Louro e João de Barro	148
VALSA DE UMA CIDADE - Ismael Netto e Antonio Maria	32
VOCÊ NÃO SABE AMAR - Dorival Caymmi, H. Lima e Carlos Guinle	102

Na Glória

Choro

Raul de Barros e
Ary dos Santos

© Copyright 1950 by Irmãos Vitale, S/A. Ind. e Com. - São Paulo - Rio de Janeiro - Brasil
Todos os direitos autorais reservados para todos os países - All Rights Reserved.

E9-
A7
A7
Dm
Am5-
D7
Gm
1.
2.
Do
ao
Em5-
Dm
E9-
A7
Dm
Dm
C7
F
B♭
F7
B♭
B♭7
E♭7M
E5-
A7
Dm
F7
B♭
(♭)F7
B♭
1.
2.
Do
ao
B♭
C7
F
F7

Cama e Mesa

Roberto Carlos
e Erasmo Carlos

© Copyright 1953 by Editora Musical Amigos Ltda.
Ecra Realizações Artísticas Ltda.
Todos os direitos autorais reservados. All rights reserved.

Para fim rep. ad-lib

TOM — MI MENOR
Em   B7   Em

Introdução: *Am D7 G C Bm F#m5- Am B7 Em*

              Em
Eu quero ser sua canção

Eu quero ser seu tom

              E7
Me esfregar na sua boca

Ser o seu baton

Am
   O sabonete que te alisa

Embaixo do chuveiro

D7   *G*
A toalha que desliza

No seu corpo inteiro

B7   *Em*
Eu quero ser seu travesseiro

E ter a noite inteira

              E7
Prá te beijar durante o tempo

Que você dormir

Am
   Eu quero ser o sol

Que entra no seu quarto adentro

D7   *G*
Te acordar devagarinho

Te fazer sorrir

   C   *F#m5-*
Quero estar na maciez

Do toque dos seus dedos

B7   *Em*
E entrar no intimidade

Desses seus segredos

          C7
Quero ser a coisa boa

    C9   *B7*
Liberada ou proibida

B9-   *Em*
Tudo em sua vida

B7
   Eu quero que você

  Em
Me dê o que você quiser

               E7
Quero te dar tudo que um homem

Dá pra uma mulher

Am
E além de todo esse carinho

Que você me faz

D7   *G*
Fico imaginando coisas

Quero sempre mais.

B7   *Em*
Você é o doce que eu mais gosto

Meu café completo

            E7
A bebida preferida

E o prato predileto

Am
Eu como e bebo do melhor

E não tenho hora certa

D7   *G*
De manhã, de tarde, à noite

Não faço dieta

 C   *F#m5-*
Esse amor que alimenta
            B7
Minha fantasia é meu sonho
        Em
Minha festa é minha alegria
          C7
A comida mais gostosa
   C9   *B7*
O perfume e a bebida
B9   *Em*
Tudo em minha vida
    Am   *D7*
Todo homem que sabe o que quer
   G   *C*
Sabe dar e querer da mulher
    F#m5-   *B7*
O melhor é fazer desse amor
  Em   *Am*   *Em*
O que come, o que bebe, que da e recebe
    Am   *D7*
Mas o homem que sabe o que quer
 G   *C*
E se apaixona por uma mulher
   F#m5-   *B7*
Ele faz desse amor sua vida
  Em   *Am*   *Em*
A comida, a bebida na justa medida.

(repetir ad-libitum)

Súplica Cearense

Samba

Gordurinha e Nelinho

C7 Gm5- C7 Gm5- C7
Fm Ab/Bb Bb7 Fm7
Bb7 Fm7 G7 Cm7 Dm4 G7
Gm5- C7 Gm5- C7 C9 Gm5-
C7 C9- Fm Db7 C7 Fm Fm7

TOM — DÓ MENOR
Cm   G7   Cm

Introdução: Fm7   Bb7   Fm7   Gm7   Ab7   G7   Cm   Ab7   G7

      Cm   Ab7
Oh! Deus, perdoe esse pobre coitado,
      G7   Ab7
Que de joelhos rezou um bocado,
          Fm6
        C   G7   Cm Dm5-
Pedindo pra chuva cair sem parar.
G7   Cm   Cm7   Fm
Oh! Deus, será que o senhor se zangou,
    G7   Ab7
E só por isso o sol retirou,
   Fm6
  G   G7   Cm Fm7 Cm7
Fazendo cair toda a chuva que há.
  Gm5-   C7
Senhor, eu pedi para o sol
             Gm5-
Se esconder um tiquinho,
    C7   Gm5-
Pedi pra chover, mas chover de mansinho,
    C7   Fm
Pra ver se nascia uma planta no chão.
  Ab
  Bb   Bb7
Oh! Deus, se eu não rezei direito
          Fm7
O senhor me perdôe.
 Bb7   Fm7
Eu acho que a culpa foi,
          G7   Cm7 Dm4
Desse pobre que nem sabe fazer oração.
G7   Gm7   C7
Meu Deus, perdôe eu encher
         Gm5-
Os meus olhos de água.
   C7 C9   Gm5-
E ter pedido cheinho de mágoa.
      C7   C9 Fm Db7
Pro sol inclemente se "arretirar"
C7 Fm   Fm7   G7
Desculpe, eu pedi a toda hora
        Cm
Pra chegar o inverno.
      Ab7   Ab7M   Db
Desculpe, eu pedi prá acabar com o inferno
Dm7 G7   Cm Ab7 G7 Ab13 G7
Que sempre queimou o meu Ceará.

Canção de Amor

Samba

Elano De Paula
e Chocolate

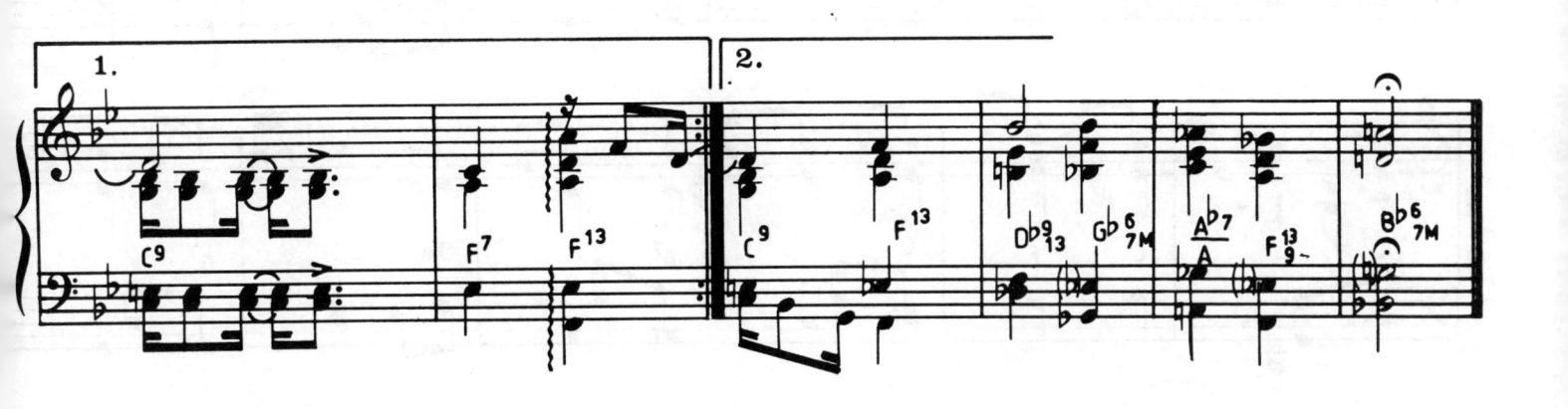

TOM — Sib MAIOR
Bb   F7   Bb

Introdução: Ab7 G7 C7 F9- Bb⁹₆ Cm7 F13
                                    F
Bb7M   A7
Saudade, torrente de paixão
       Bb7M
Emoção diferente
Ab7   G7   Cm
Que aniquila a vida da gente
     F7   Bb7M Gm7 Cm4 F13
Uma dor que não sei de onde vem

       Bb7M   A7
Deixaste meu coração vazio
           Bb7M
Deixaste a saudade
Ab7   G7   Cm
Ao desprezares aquela amizade
        F7   Dm7 G5+
Que nasceu ao chamar-te meu bem
     Eb7M   Ab7
Nas cinzas do meu sonho
Ab13   Bb7M   G7
Um hino então componho
     Cm7   F7
Sofrendo a desilusão
     Dm5-G7
Que me invade
     Cm Cm7 Ab7   C9 F7
Canção de amor, saudade!
              Db9   Ab7 F13   6
         C9 F13 13 Gb7M   A   9- Bb7M
(para terminar): sauda- a - de

Baião de Dois

Baião

Luiz Gonzaga
e Humberto Teixeira

© Copyright 1950 by Todamérica Musica Ltda. - Rio de Janeiro - Brasil.
All rights reserved. Todos os direitos internacionais reservados.
Direitos de execução controlados pela União Brasileira de Compositores.

TOM — DÓ MAIOR
C   G7   C

Introdução: G7 C Dm7 G7 C

         C   F   C
     Abdon, qui moda é essa?
         A7   Dm
Bis Deixa a trempe e a cuié
         G7   Dm
     Home num vai na cuzinha
         G7   C
     Qui é lugá'só de muié

     G7 C F C
     Ai, ai, ai,
       A7   Dm   Dm7
Bis Ai baião, qui bom tu "sois"...
       G7   Dm
     Se um baião é bom sózinho,
       G7   C
     Qui dirá baião de dois

         C   F   C
     Vou juntá feijão de corda
         A7   Dm
Bis Numa panela de arroz...
         G7   Dm
     Abdon vai já pra sala
         G7   C
     Qui hoje tem "baião de dois"!

Para terminar:
                      Am   Dm   G7   C
Orquestra ou voz: Baião,   baião de dois
                      C   G7   C
                    Baião,   baião de dois
                      C   G7   C
                    Baião,   baião de dois

Bandeira Branca

Marcha-Rancho

Max Nunes
e Laércio Alves

TOM — SOL MENOR
Gm   D7   Gm

Introdução: *Gm   Cm7   Am5-   D7   Gm   Gm7   Cm7   Bb°   D7   Gm*

      Gm
Bandeira branca, amor
   Cm
 Eb *Cm7*
Não posso mais
       Gm   *Cm*
D7 *Gm* *F*   *Eb*
Pela saudade que me invade
       C
D7 *Gm* *D* *Gm*
Eu peço paz.

           Gm
2ª vez: paz

                        Cm
 Gm7   *Cm7*   *Cm7 Bb Am5-*
Saudade — mal de amor, de amor
 D7   *Gm Cm Cm7 Gm*
Saudade — dor que doi demais
  G7   *Cm7*
Vem meu amor
 Bb° Am5-
Bandeira branca
 D7 *Gm* *D7*
Eu peço paz.

                       Gm
                 Gm Cm7 Bb Ab7M Gm
Para terminar: paz

Baião

Luiz Gonzaga
e Humberto Teixeira

© Copyright 1946 by Editora Musical Brasileira Ltda. - Edição Autorizada a Todamérica Música Ltda.
Rio de Janeiro - Brasil.
All rights reserved - Todos os direitos internacionais reservados.
Direitos de execução controlados pela União Brasileira de Compositores

TOM — DÓ MAIOR
C G7 C

Introdução: Gm7 C7 Gm7 C7 Gm G7 C

I

II

      C7
E vou mostrar pra vocês
     Gm   C7
Como se dança o baião
       Gm   C7
Oi quem quiser aprender
          F7
É favor prestar atenção
  Cm7   F7
Morena chega pra cá
       Cm7   F7
Bem junto ao meu coração
        Bb7
Agora é só me seguir
     Eb   G7   C Bb
Pois eu vou dançar o baião

C   F   Bb   F
Eu já dancei balancê

Xamêgo, samba e xerém
      Bb   F
Mas o baião tem um quê
                  F7
Que as outras danças não têm
           Cm7   F7
Oi quem quiser é só dizer
          Cm7 F7Bb
Pois eu com satisfação
          G7   C Bb
Vou dançar cantando o Baião

         F   Bb   F
Eu já cantei no Pará

Toquei sanfona em Belém
      Bb   F
Cantei lá no Ceará
              F7
E sei o que me convém
          Cm7   F7
Por isso eu quero afirmar
          Cm7 F7Bb
Com tôda convicção
          G7   C D7 C
Que sou doido pelo Baião

É luxo só

Samba

Ary Barroso
e Luiz Peixoto

25

TOM — FÁ MAIOR
F   C7   F

Introdução: F   Bb7

F7M
Olha
F7M   Dm7   Gm
    Essa mulata quando dança
Gm7   Gm7 Am7 D7
    É luxo só
       Gm   D9-
       Quando
Gm7   C7   F7M
    Todo o seu corpo se balança
Bb7M   F7M
    É luxo só
    Am5-
    Tem
          4
D9-   Dsusp   G7   Dm9   G7
    Um não sei que que traz a confusão
    Gm7
    O
C7   Gm   Bbm6   F7M   D7
    Que ela não tem, Meu Deus, é compaixão
        Gm7   C7
        Esta morena bamba

       F7M
       Olha
F7M   Dm7   Gm
    Essa mulata quando dança
Gm7   Gm7 Am7 D7
    É luxo só
       Gm   D9-
       Quando
Gm7   C7   F7M
    Todo o seu corpo se balança
Bb7M   F7M
    É luxo só
    A7   Am5-
    Porém
               4
D7   Dsusp   D9-   Gm7   B°Ab°
    Seu coração quando se agita e palpita
E7   E9-   Am7   D7
    Mais ligeiro nunca vi
         Gm Gm7G7   F
    Compasso   tão brasileiro
                         F6
         Bb7   C
    Êta samba cai prá lá, cai prá cá,
    Bb7   F6
    Cai prá lá, cai prá cá.
                              Gm
                      D7   Bb
    Mexe com as cadeiras, mulata
    C9   F   Ab°   Gm7   C9-
    Seu requebrado me maltrata, ai, ai.

Nono Mandamento

Samba-Canção

Renê Bittencourt
e Raul Sampaio

Am7
Dm
Dm/C
Bm5-
E7
Am
A9-
Dm
Dm7
B°
Am
Am7
F7M
B7
E7
Am
Em5-
A7
Dm6
Dm/C
Bm5-
E4 susp
Am
Am7
Am/G
Am
Dm7
F7
Gm/Bb
A7

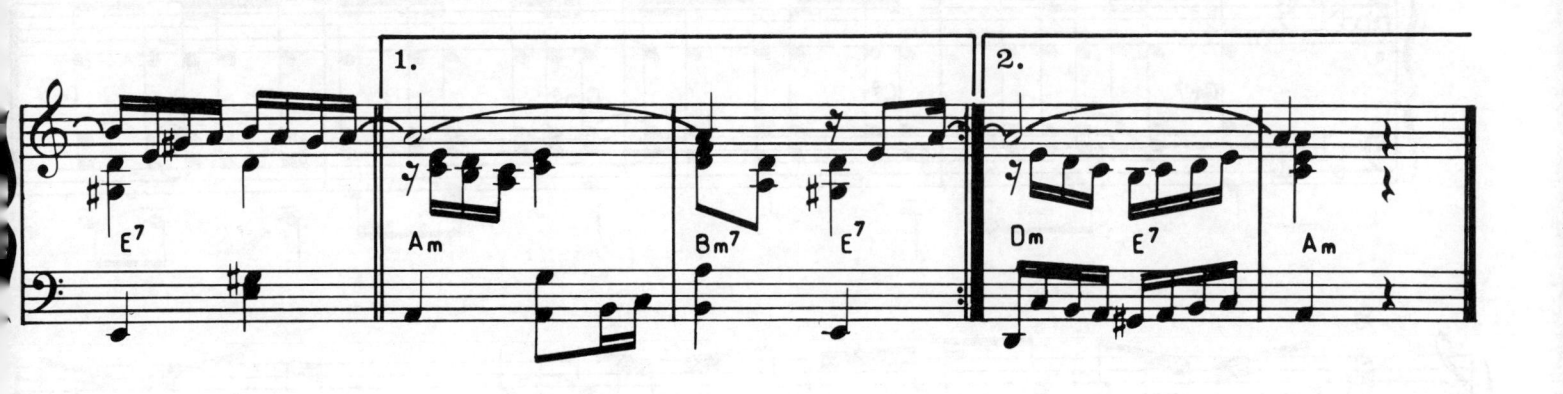

TOM — LÁ MENOR
Am E7 Am

Introdução: Am Am7 Bb Bb7M E7 Am E7

        Am
    Senhor,
Am7   A7   Dm7
    Aqui estou eu de joelhos,
    Dm
    C   Bm5-
    Trazendo os olhos vermelhos
        E7   Am7 Bm5- E7
    De chorar porque pequei.
        Am7
    Senhor,
F#m5-   B5+   Em   Em7
    Por um erro de momento,
                  F#m7
    Não cumpri um mandamento:
    F7   F13   Bm7
    O nono da Vossa Lei.
E7   Am
    Senhor,
         Dm
    Eu gostava tanto dela,
Dm   Bm5-
C Mas não sabia que ela
E7   Am
    A um outro pertencia.
A9- Dm Dm7
    Perdão
  B°   Am Am7
    Por esse amor que foi cego,
F7M   B7
    Por essa cruz que carrego
    E7   Am Em5-
    Dia e noite, noite e dia.

             Dm
A7   Dm6 C
    Senhor,
            4
Bm5-   Esusp Am
    Dá-me sua penitência.
Am
G   Am   Dm7
    Quase sempre a inconciência.
          Gm6
F7   Bb
    Traz o remorso depois.
         Dm
A7   Dm6 C
    Mandai
           4
Bm5-   Esusp Am
    Para este caso comum,
Am
G   F7
    Conformação para um,
E7   Am Bm7 E7
    Felicidade pra dois.

Rio

Samba

Letra e Música
de Roberto Menescal
e Ronaldo Boscoli

TOM — SOL MENOR
Gm   D7   Gm

Introdução: *Gm7   C9   Gm9   C9*

    Gm7   *C7*
Rio, que mora no mar
              Gm7   *C9-*
Sorrio do meu Rio, que tem no seu mar,
    F7M   *Bb11*
Lindas flores que nascem morenas
         Am7 D7
Num jardim de sol...
Gm7   *C7*
Rio, serras de veludo
              Gm7   *C9-*
Sorrio do meu Rio, que sorri de tudo
   F7M   *Bb11*
Que é adorado quase todo o dia
           Am7 D7
E alegre como a luz
   9
G7M   *G7M*   *F#13*
Rio é mar, é terno se fazer amar,
  F#
  E   *F7M*
O meu Rio é lua...,
      4
    Esusp   E7
Amiga branca e nua

  Em7
É sol, é sal, é sul,
      Ebm7   *Ab7*
São mãos, se descobrindo em tanto azul
           Gm7
Por isso que meu Rio,
Da mulher beleza,
       Bbm7
Acaba num instante,
       Eb7
Com qualquer tristeza,
          Am7
Meu Rio que não dorme,
        D9
Porque não se cansa,
        Gm7
Meu Rio que balança,
         9
   C9   *F7M*
Sorrio, sorrio, sorrio

Valsa de uma cidade

Valsa

Ismael Netto e
Antonio Maria

TOM — DÓ MAIOR
C G7 C

Introdução: *C7M Am Dm7 G13⁹⁻*

C7M   Am7   Dm
Vento do mar no meu rosto
G7   C7M A7 Dm7
E o sol a queimar, queimar;
G7 C7M   Am7   G7
Calçada cheia de gente a passar
C7M Am F#m7 B7
E a me ver passar
E C#m7   F#m7 B7 E7M C#m7   F#13
Rio de Janeiro   gosto   de você
B7 E7M C#m7   F#m7 B7   E7
Gosto   de quem gosta   deste céu
A7   Dm7   G7
Deste mar, desta gente feliz.

C7M   Am7   Dm7
Bem que eu quis escrever
G7   C7M
Um poema de amor
A7 Dm G Cm7   Ab7   F   G G7
E o amor   estava em tudo o que vi
Ab7M   Fm   Dm7 G7
Em tudo quanto eu amei
C   Am   F7M
E no poema que eu fiz
Dm   D7 G7 C Am7 F7M
Tinha alguém mais feliz que eu:
G7   C Am7   Ab7M Fm9 C9⁶ G7 C
O meu amor   que não me quis

Canta, Brasil

(Instantâneo Sonoro n.º 1)

Olcyr Pires Vermelho,
David Nasser

Rítimo de Samba

Samba
orq.
B♭7M
B♭m9
B♭m6
G♭7M
B♭
F13
Voz
B♭7M
E♭7M
B♭7M
E♭7
Dm7
F13
E♭9
Am5-
D7
Gm7
D9-
Gm7
Dm7
Cm7
G 4 sus
Fm
G9-
Cm7
A♭
G7
Cm7

G9-
Cm
G9-
G7
Cm
Cm7/Bb
Dm7
Eb/F
F/Eb
Dm7
Cm4
Eb/F
Bb7M
Cm7
Bb7M
Ab7M
Fm7
Ab/Bb
Fm7
Bb7
Eb6
Eb7M
Ebm7
Ebm6
D/F#
Bb7M/F
Eb7M
Dbdim
Cm

TOM — Sib MAIOR
Bb   F7   Bb

Introdução: *Bb7M   Bbm9   Bbm⁶   Gb7M   Bb7M   Bbm9   Bbm⁶   Gb7M   Bb7M*
                             Bb   *Bb*

    Dm7   Cm7   Bb7M   Am5- Gm   Gm7
As selvas te deram nas noites seus rítmos bárbaros...
   Bb
   D
Os negros trouxeram de longe reservas de pranto...
 Cm   Cm7   Fm   G7   Cm   Cm11
Os brancos falaram de amores em suas canções...
 Gm   Am5- Gm   C7   Fsus F13 Bb7M Bbm9 Bbm6 GbM F13
E dessa mistura de vozes nasceu o teu pranto...   *Bb*

  Bb7M   EBb7M Bb7M
Brasil
      Eb7   Dm7 F13
minha voz enternecida
     Eb9   Am5- D7 Gm7
já dourou os teus brazões
       D9-   Gm7
na expressão mais comovida
        Dm7   Cm7 Gsus Fm G9
das mais ardentes canções...
    Cm9 Ab G7 Cm7
Também,
      G9-   Cm
a beleza dêste céu
      G9-   G7   Cm
onde o azul é mais azul
    Cm7
    Bb   *Dm7*
na aquarela do Brasil
    Eb   *F*
    F   *Eb Dm7 Cm4*
eu cantei de Norte a Sul

 Eb
 F   *Bb7M Cm7*
mas agora o teu cantar,
 Bb7M   Ab7M   Fm7
Meu Brasil quero escutar:
   Ab
   Bb
nas preces da sertaneja,
   Fm7   Bb7 Eb6 Eb7M
nas ondas do rio-mar...
Ebm7 Ebm6
Oh!
    D   *Bb7M*
    F   *F*
Este rio — turbilhão,
   Eb7M Dbdm   Cm
entre selvas e rojão,
       Cm7   BbM Bb7M
Continente a caminhar!
Ab7 G7
No céu!
Ab7 G7
No mar!
   C7   C13 Cm7
Na terra!
F7   Bb Ebm7 Cm7 Eb Bb7M
Canta, Brasil!   *F*

Tá - Hi!...

(Prá você gostar de mim)
Marcha-Canção

Joubert de Carvalho

TOM — DÓ MENOR
Cm   G7   Cm

Introdução: Fm7   G7   Cm   D7   G7   Cm   Fm   Cm

Côro

Bis {
          Fm
Tá — Hí!
        Dm5-
Eu fiz tudo
   G7   Cm7
Prá você gostar de mim...
        Cm
Oh! meu bem
      Eb9   Am4
Não faz assim comigo não!
Ab7 G7   Dm5- G7
Você tem, você tem
                Cm
Que me dar seu coração.
}

  G7   Cm   G7
  Meu amor não posso esquecer...
Dm5-   G7   G9-   Cm
  Se dá alegria, faz também sofrer
    Fm   Dm5-   Cm
  A minha vida foi sempre assim:
    Dm7   Dm5-   G7   Cm
  Só chorando as mágoas... que não tem fim

  G7   Cm   G7
  Essa história de gostar de alguém
Dm5-   G7   G9-   Cm
  Já é mania que as pessoas têm
       Fm   Dm5-   Cm
  Se me ajudasse nossso Senhor
    Dm7 Dm5- G7   Cm
  Eu não pensaria mais no amor

O inverno do meu tempo

Samba-Canção

Cartola
e Roberto Nascimento

TOM — DÓ MAIOR
C   C7   C

Introdução: Fm Bb7 Eb Dm9 G7

    C7M   E7   Am7   G7
Surge a alvorada,   folhas a voar
                        C7M
E o inverno do meu tempo
      Eb° Dm7   G13   C7M
Começa   a brotar, a minar
     Am7   D7   G13   E7
E os sonhos do passado,   do passado
    Em5-   A7
Estão presentes no amor

Dm7   G7
   Que não envelhecem jamais
   Am7   Fm7   Bb7   Eb7
   Eu tenho a paz e ela tem paz
C9-   Fm7   Bb7
  Nossas vidas muito sofridas
            Gm7   Fm   Bb7   Eb 7M
  Caminhos tortuosos entre flores e espinhos demais
Cm7   Ab
  Já não sinto saudades
   Fm   Gm7
  Saudades de nada que fiz
C7   Fm   Bb7
  No inverno do tempo da vida
                             6
  Bb7   Eb 7M   Ab7M Eb9
  Oh! Deus eu me sinto feliz.

Delicado

Baião

Waldir Azevedo

43

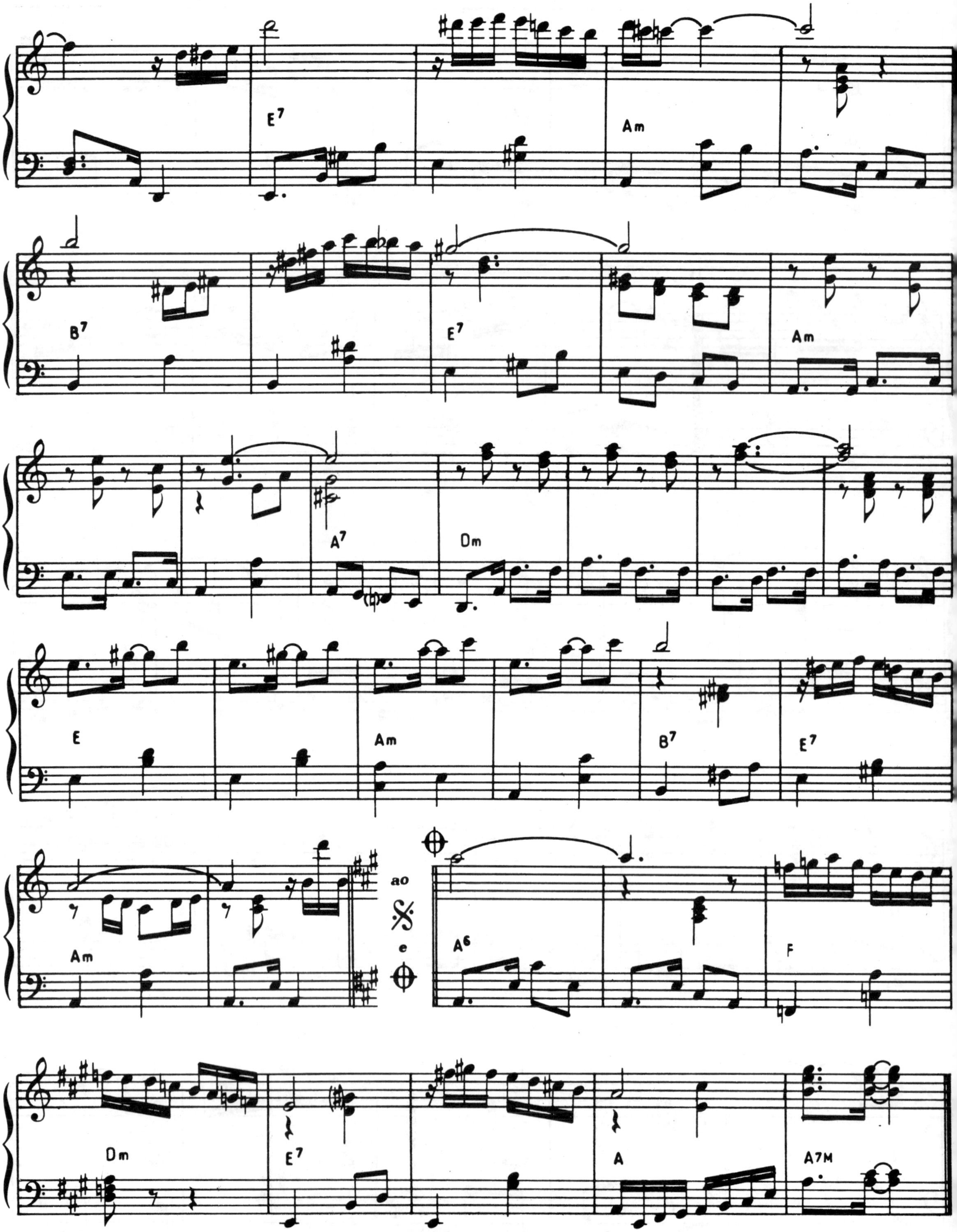
E7
Am
B7
E7
Am
A7
Dm
E
Am
B7
E7
Am
ao
e
A6
F
Dm
E7
A
A7M

Doce de Côco

Choro

Jacob do Bandolim
(Jacob Bittencourt)

© Copyright 1951 by Rio Musical Ltda. Rio de Janeiro - Brasil.
Todos os direitos de execução, tradução e arranjos reservados, para o mundo
Todos os direitos internacionais reservados - All rights reserved

Gm
Gm5+
Gm6
Gm5+
G7
Cm
E♭9
G
D
E7
Am7
D7
G
Bm7
B♭o
Am7
D7
G
B♭o
Am7
D7
G
G7M
E7
Am7
D7
G
G7M

47

Ninguém me ama

Samba-Canção

Fernando Lobo
e Antonio Maria

Lento

TOM — MI MENOR
Em   B7   Em

Introdução: Am7 ᴬᵐD   D7   G7M   C7M   F#m5-   B7   Em

            C7 B7   Em   Am7
Ninguém me ama,   ninguém me quer
          C#5-   C9   F#m7 B7
Ninguém me chama   de meu amor
Em   Am7   Em Am9 Em9   Am
A vida passa   e eu sem ninguém
          F#7   F#m5- B7   Em   Am7 Em
E quem me abraça   não me quer bem.

Bm5-   E7
Vim pela noite tão longa
             Am   Am9
De fracasso em fracasso
C
D   D7
E hoje descrente de tudo
        G
Me resta o cansaço
   ⁹
C7M   C7   B7   Em
Cansaço da vida, cansaço de mim
C7   F#m5-   B7   Em
Velhice chegando e eu chegando ao fim.

2ª vez, para terminar:

         Am
       E   Am7 F#m5- B7   Em9
Ninguém me ama,   ninguém me quer

Natal das Crianças

Valsinha de Roda

Blecaut

TOM — RÉ MAIOR
D   A7   D

Introdução: D Em A7 D Em A7 Em7 A7 D

  D   Bm   Em7   A7
Natal, Natal das crianças
  Em7   A7   D   A7
Natal   da noite de luz
                  G
  D   D7   G   B
Natal da estrela guia
  D
   A   A7   D
Natal do Menino Jesus.

       D   Bm   A7   Em7
Blim blom, blim blom, blim blom
     A7 A5-   D   G7M
Bate o sino da Matriz
    F#m5- B7   Em7
Papai, Mamãe rezando
A7   Em7   A7   D
Para o mundo ser feliz
A13   D   Bm7   A7   Em
Blim blom, blim blom, blim blom,
    A7 A5-   D   G7M
O Papai Noel chegou
    F#m5- B7   Em7
Também trazendo presente
                 D
A   A7   D
Para Vovó e Vovô

Na cadência do samba

Samba

Ataulfo Alves
e Paulo Gesta

© Copyright 1961 by Ata Edições Ltda. Rua Visconde de Inhaúma, 107 - 3.º andar. Tel. 23-1693.
Certificado - C.E.N.S - N.º 1065.

TOM — MI MENOR
Em   B7   Em

Introdução: *G7M   E7   F7M   F#m5-   B7   Em   B7*

                      Em
    Em   *D*   *F#7*   *F#5+*
    Sei que vou morrer não sei o dia
F#m5-   *B7*   *Em* *Em9*
    Levarei saudade da Maria
    Bm5-   *E7*   *Am7* *Am*
    Sei que vou morrer não sei a hora
  C
  D   *D7*   *G7M* *C7M* *F#m5-*
    Levarei saudade da Aurora
    B7 *Em*   *C7* *C7M* *B7*
Bis {   Quero morrer numa batucada de bamba
      F#m5-   *B7*   *Em* *F#m5* *B7*
    Na cadência bonita do samba
                Em
       (*2.ª vez*) samba

    Am   *D7*   *G7M*
O meu nome não se vai jogar na lama
        C7M   *F#m5-*
Diz o dito popular:
  B7   *Em* *Am* *B7*
Morre o homem fica a fama
     Em   *Em7*   *Em9 C7M* *B7*
Bis { Quero morrer numa batucada de bamba
  F#m5-   *B7*   *Em* *C7M* *F#m5-* *B7*
Na cadência bonita do samba.

Mensagem

Samba-Choro

Cícero Nunes
e Aldo Cabral

TOM — LÁ MENOR
Am   E7   Am

Introdução: *Bm5- E7 Am7 Bb E7 Am E9-*

     Am   Dm
Quando o carteiro chegou
           E7
E o meu nome gritou
               Am
Com uma carta na mão
Dm   G7   C7
Ante surpresa tão rude
       F7M   E7M
Nem sei como pude
    B7   Bm7
Chegar ao portão
E7 Am   Dm7
    Lendo o envelope bonito
     F
  C   E7
No seu sobre-escrito
        A7
Eu reconheci
Dm   E7   Am
A   mesma caligrafia
           Bb
Que disse-me um dia
        Fm
  E7   Am Ab
Estou farta de ti

G7   C7M
Porém não tive coragem
          E7
De abrir a mensagem
        Em5-A7 Dm
Porque na incerte—— za
    E9-   Am
Eu meditava e dizia
       B7
Será de alegria!
       E7M
Será de tristeza!
G7   C7M
Quanta verdade tristonha
    F7 E7
Ou mentira risonha
        A7
Uma carta nos traz
Dm   E9-   Am
E assim pensando rasguei
    Am
    G   Bb
Tua carta e queimei
E7   Am E9-
Para não sofrer mais.

Começaria tudo outra vez

Gonzaga Junior

D9-
Gm7
Ab m9
Gm7
C7
F7M
C13
C7
F7M
F7M/E
Eb9
Em9
A5+
A7
Dm7
(b)
Dm5+
Dm6
G7
Cm7
F13
F47
Bb7M
Bm5-
E7 5+
Bbm7
Am7
D7
A°
Abm9
Gm7
Bb/C
C9
Cm7/F

TOM — FÁ MAIOR
F   C7   F

Introdução: D9- Gm7 Abm7 Bb   C9   F9   Bb   Bb
                              C   C   C

     F7M
Começaria tudo outra vez
  F7M
F7M *A*   *Em7*   *A5+*
Se preciso fosse, meu amor
               Dm7M
A chama em meu peito ainda queima

Saiba

 Db9   *Cm7*
Nada foi em vão!
F13   *Bb7M*
A cuba-libre da coragem
  Bb
  C
Em minhas mãos
 E7   *Am7*
A dama de lilás
            D9-
Me machucando o coração
        Gm7
Na sêde de sentir
Abm9 *Gm7*
Seu corpo inteiro
      F7M
Coladinho ao meu

C13 *C7*   *F7M E*   *Eb9*
E então eu cantaria a noite inteira
      Em9
Como já cantei
   A5+
Eu cantarei
 A7
As coisas todas
Dm7 *Dm5+*
Que já tive
  Dm6
Tenho e sei
  G7   *Cm7*
E um dia terei
F13 *F47*
A fé virá
                5+
Bb7M *Bm5-* *E7*   *Bbm7*
E a alegria de poder olhar para trás
 Am7 *D7 A°*   *Abm9*
E ver que voltaria com você
         Bb
Gm7 *C*   *C7*   *Cm7*
De novo viver nesse imenso salão
F13   *Bb7M*
Ao som desse bolero-vida
    Bm5-
Vamos nós
  E7   *Bbm7*
E não estamos sós

Veja, meu bem

Am7 *D9*   *Abm7*
A orquestra nos espera

Por favor
 Gm7 *C7*
Mais uma vez recomeçar.

Cm7 (1ª vez)

F *Bbm7*   9
C Eb Db7M Gb7M F7M (2ª vez)

Disritmía

Martinho da Vila

Gm
Gm5+
Gm6
Gm5+
Gm
Gm5+
Gm6
Gm5+
Dm5-
G7
Dm5-
G7
Dm5-
G7
Cm7
Cm6/Eb
D9-
Cm6/Eb
D9-
Cm6/Eb
D9-
Gm7
G7
Cm6
Gm
Gm7
D9-
G7
Cm
Cm6
Gm7
D9-
1.
2.
Gm/Bb
Gm7
Gm7
Cm/Eb
Gm7
Am6/C
D7
Gm
Gm7
Cm/Eb
Cm
Gm7
Gm6
Gm5+
D/F#
Gm7
G7

TOM — SOL MENOR
Gm   D7   Gm

Introdução: Cm   Am5-   D9-   Gm D9-

$\frac{Gm}{Bb}$
Eu quero
    Gm5- Gm6
Me esconder de baixo
      Gm5+
Dessa sua   saia
Gm   Gm6 Gm6
Pra fugir do mundo
    Dm5-
Pretendo
      G7   Dm5-
Também me embrenhar
      G7   Dm7
No emaranhado
      G7   Cm7
Desses seus cabelos
Cm   Cm
Preciso transfundir meu sangue
       D7   Gm
Pro meu coração que é tão vagabundo
   $\frac{D9}{A}$
Me deixa te trazer num dengo

       D7
Pra num cafuné
       G7
Fazer os meus apelos
 Cm   Gm7
Eu quero ser exorcisado
    Am5-
Pela água benta
   D7   Gm
Desse olhar infindo
Gm   Gm5+
Que bom é ser fotografado
   Gm5+
Mas pelas retinas
Gm   Gm5+ Gm6 Gm5+
Desses olhos lindos
 Dm5- G7 Dm7
Me deixe hipnotizado
  G7   Dm5-
Pra acabar de vez
    G7 Cm7
Com esta disritmia

3 vezes {
$\frac{Cm}{Eb}$ D9- Cm6
Vem logo vem curar seu nêgo
     D9-
Que chegou de porre
    Gm7
Lá da boemia.
}

Os quindins de Yayá

Samba

Ary Barroso

F#m5- B7 Em Em9 B7 Em A/B Em7
A7 D F#m7 B7
Em Em9 Gm Gm7 Em5- C11+
D Bm7 Em7 A7 D Em7 A7 D Bm7 Em A7
Menos
D E7 A7 D D7M Bm F#m7 G7M

A Tempo
Gm7 Em7 A7 D6/9 Em7
A7 D6/9 F#m7 B7 Em7 A7 D6/9
F#m7 Bm7 Em7 A7 D6/9 F#m7 Bm7 Gm7
D7M D7 G G#o D E7 A7 D E7 A7
D Bm7 E7 A7 D/F# E7 A7 D
D.C. a intr. e Final
*Final
D

TOM — RÉ MAIOR
D   A7   D

Introdução: D Bm7 A7 D Bm7 A7 D D G Gm A7 D
                                                                        C

I

                         6
         D7M   D9
Os quindins de Yayá... cumé, cumé, cumé
     6   6
D7M   D9   D7M   D9
Os quindins de Yayá... cumé, cumé, cumè
        Bm7   A7
Os quindins de Yayá... cumé
           D   B7   Em7 B7
Cumé que faz   chorá
Em   Em7   F#m7   B7
    Os oin de Yayá... cumé, cumé, cumé
Em7   C7M   F#m5-   B7
  Os oin de Yayá... cumé, cumé, cumé
Em   Em9   B7
  Os oin de Yayá... cumé
           A
        Em B Em7
Cumé que faz   pená-a-a
 A7   D
O jeitão de Yayá - me dá - me dá
    F#m5-
Uma dô - me dá - me dá
    B7
Que não sei - se é - se é
    Em   Em9
Se é ou não é amô
 Gm   Gm7   Em5-
Só sei que Yayá tem umas coisa
         C11+   D
Que as outras Yayás não tem... que é?
Em7   A7   D
  Os quindins de Yayá
Em7   A7   D
  Os quindins de Yayá
Em7   A7   D
  Os quindins de Yayá
 E7
       A7   D D7M
  Os quindins de Yayá

II

   Bm   F#m7
Tem tanta coisa de valô
    G7M   Gm7
Neste mundo de Nosso Senhô:
     Em7   A7
— Tem a flô da meia noite
     6
    D9
Escondida nos canteiros!
  Em7   A7
Tem música e beleza
   6
  D9   F#m5-
Na voz dos boiadeiros!
  Em7   A7
A prata da lua cheia...
   6
  D9   F#m7
O leque dos coqueiros...
Bm7   Em7   A7
O sorriso das crianças...
   6
  D9   F#m7
A toada dos barqueiros...
Bm7   Gm7   D7M D7
Mas juro por Virgem Maria
           G   G°   D
Que nada disso pode matá... o quê?
E7   A7   D
Os quindins de Yayá
E7   A7   D Bm7
Os quindins de Yayá
E7
     A7   F
Os quindins de Yayá
E7
     A7   D
Os quindins de Yayá

Meu consolo é você

Samba

Nássara e
Roberto Martins

TOM — FÁ MAIOR
F   C7   F

Introdução: F7M   Bbm   F7M   D7   Gm   Gm7   C7   F7M

Côro

Bis
```
      F
F          A     Gm Gm7
Meu consolo é você
   C7         F7M    D7      Gm    Gm  F
   Meu grande amor eu explico porque
Eb7 Eb9   D7      Gm7           C13
   Sem você sofro, muito, não posso viver
                     Bb
   C7      F   C     F
   Sem você mais aumenta meu padecer
      Dm7         Gm
   Tudo f i z sem querer
   C7     Am7      D7    Gm      F
   Meu grande amor eu peço desculpa a você
```

```
                         C
Am7         Gm7      Bb         Am7
Mas se por acaso você não me perdoar
Gm          C7
Juro por Deus
         Bb
         C      C7     F
Que não vou me   conformar
Am7         Gm7       C7           F7M
Pois a minha vida sem você é um horror
     D7           Gm
Eu sofro noite e dia
Gm7  C7      Gm7
E   você sabe porque
    C7          Am
Meu consolo é você.
```

Upa, Neguinho

Samba

Edu Lobo
e Gianfrancesco Guarnieri

TOM — FÁ MAIOR
F C7 F

Introdução: F G F F F F F
                  G   G

F7M   Cm7   F
Upa, neguinho na estrada
F7M   Cm7   F
Upa, prá lá e prá cá
F7M   Cm7   F
Virge que coisa mais linda
            Cm7   F
Upa, neguinho começando andar

F7M   Cm7   F
Upa, neguinho na estrada
F7M   Cm7   F
Upa, prá lá e prá cá
F7M   Cm7   F
Virge que coisa mais linda
            Cm7   F
Upa neguinho começando andar

F   Cm7
Começando a andar
              F7M   Cm7   F7M   Cm7
Começando a andar
F7M   Cm   Fm7
E já começa a apanhar
Am7   D7   Am7
Cresce neguinho me abraça
             D7   F
Cresce e me ensina a cantar
            Cm7   F
Eu vim de tanta desgraça
        Dm7   Cm7   F
Mas muito te posso ensinar
        Dm7   Cm7   F7M
Mas muito te posso ensinar
          Cm7   F7M
Capoeira, posso ensinar
         Cm7   F7M
Ziquizira, posso tirar
         Cm7   F
Valentia, posso emprestar
        F7M   G7   7
Mas liberdade só posso esperar

Curare

Choro estilizado

Alberto Simoens da Silva
(Bororó)

TOM — SOL MAIOR
G D7 G

Introdução: C A#° Bm Eb Ab D7 G A

I

A   G
C#   Cm6 B
  Você tem buniteza,
  Bb°   Am7   D7   G
  E a natureza, foi quem agiu...
A   G
C#   Cm6 B
  Com estes óio de india,
  A7   D
  Curare no corpo,
  A7   D7
  Que é bem Brasil.
A   G
C#   Cm   B
  Tu é toda Bahia
  Bb°   Am
  É a fulô do mucambo,
  D7   G
  Da gente de cô
E7   Am
  Faz do amô confusão,
D7   F7 E7   Am
  Nesta misturação bem banzeira,
D7   G   C7   F   B7 Em
  Insoneira, que tem raça e tradição

II

Am7   D75+   G
  Quebra, machuca minha dô
  Bm7   Am   D7
  Nêga, neguinha tudo-tudinho
G   Bm4 Am7   D7
  Meu amôzinho, com esta boquinha
  G   C#m7 F#7
  Vermelhinha, rasgadinha
  B7M   F#7   B7M
  Qui tem veneno, cumo que...
Am7   D7   G
  Conta tristeza e alegria
  A#°   Am   G7
  Pru seu bem, que tudo vive a dizê
  C D7   G   Am7
  Que você é diferente desta gente
  D7   G
  Que finge querê!

Minha

Canção

Francis Hime
e Ruy Guerra

TOM — LÁ MENOR
Am   E7   Am

Introdução: *Dm   E7*

                Am
Am7   *F#*
Minha vai ser minha
    F7M   E9-   *Am7M   Am9*
Desde a hora   que nasceste
Gm7   C9-   *F7M*
Minha   não te encontro
Bm5-   E9-   *Am*
Só sei que estás perto
Am   *D*
 G   *F#*
  E tão longe
    Dm7   *Bm5-*
Num silêncio noutro amor
F°   *Am*
Ou numa estrada
   F#m5-   B5+   *E7   A9-*
Que não deixa   seres minha
   D9   G13   *C7M*
Onde estejas   como sejas
F7M   *Bm5-*
Vou te achar vou
   E9-
Me entregar vou
             G
  Dm   *F*
Vou te amar e é tanto tanto amor
  C   *F7M*
Que até pode assustar

               Dm
        Dm   *C*   *Bm5-*
Não temas essa imensa sede
E7   *Am*   *A13*
Que ao teu corpo vou levar
       Dm   *G7*
Minha és e sou só teu
            C7M
Sai de onde estás
     F7M
Prá eu te ver
      Bm5-   *E7*
Pois tudo tem de acontecer
         Am
Tem de ser tem
Am
 G   *F#m5-*
Tem de ser vem
F7M   *E4*
Para sempre
     E7
Para sempre sempre
    11
Am7 *Am9*
Minha.

Camisola do dia

Samba-Canção

Herivelto Martins
e David Nasser

75

TOM — DÓ MENOR
Cm   G7   Cm

Introdução: F Fm7 C Bb13 A7 Fm D9– G7 Cm Fm7 Dm5– G7

                        4
    Cm7   Dsusp
    Amor, eu me lembro ainda
D7   G7   Cm7
   Que era linda muito linda
Ab7   G7   G   Db11
    Um céu azul de organdy
C7   C9–   Fm
   A camisola do dia

                 Ab7
   Tão transparente e macia
                   G7
   Que eu dei de presente a ti
Cm7   C7   Gm5–
   Tinha rendas de Sevilha
        C7
   A pequena maravilha
                  Fm
   Que o teu corpinho abrigava

   Fm
   Eb Dm5– G5+   Cm
   E eu era o dono de tudo
          Eb 7
   Bbm7 Bb D4 D7
   Do divino conteúdo
G7   Cm Dm5–G13
   Que a camisola ocultava

   C7M   A7   D7
   A camisola que um dia
   Dm   Dm7   G4 G7
   Guardou a minha alegria
     G7   C7M
   Desbotou perdeu a côr
               C
F7M   F F#º   G C
   Abandonada no leito
Em9   Am7   Dm7
   Que nunca mais foi desfeito
                   9
G7   Cm Fm9 Db11+C7
   Pelas vigílias do amor

Gostava tanto de você

Samba

Edson Trindade

Am7
C/D
G7M
Bm7
Am7
C/D
G7M
Am7
C/D
G9/6
Bm7
Am7
G7M
Am7
Bm7
C7M
Am7
C/D
G7M
Bm7
Am7
C/D
Bm7
Am7
C/D
G7M

TOM — SOL MAIOR
G   D7   G

Introdução: G7M $\overset{C}{E}$ D7   C   G   Em $\overset{C}{D}$ D7

$\overset{G7M}{\;}$ Não sei porque você se foi
$\overset{Bm7}{\;}$ $\overset{Am7}{\;}$
$\overset{\;\;C}{D}$ Quantas saudades eu senti
$\overset{Bm7}{\;}$ $\overset{Bm7}{\;}$
E de tristezas vou viver
$\overset{Bm7}{\;}$ $\overset{Am7}{\;}$
$\overset{\;\;C}{D}$ $\overset{G7M}{\;}$
E aquele adeus, não pude dar
$\overset{Bm7}{\;}$ $\overset{Am7}{\;}$
Você marcou em minha vida
$\overset{C7M}{\;}$ $\overset{Bm7}{\;}$
Viveu, morreu na minha história
$\overset{Bm7}{\;}$ $\overset{Am7}{\;}$
Chego a ter medo do futuro
$\overset{\;\;C}{D}$ $\overset{G7M}{\;}$ $\overset{Am7}{\;}$
E da solidão que em minha porta bate
$\overset{C}{D}$ $\overset{\;\;\;\;\;\;\;\;\;\;\;\;\;\;\;\;C}{\;\;G7M\;Bm7\;Am7\;\;\;\;D}$ $\overset{G7+}{\;}$ $\overset{Am7}{\;}$
E eu,   gostava tanto de você,
$\overset{\;\;C}{D}$ $\overset{9}{\;}$
$\overset{\;G6\;Bm7\;Am7}{\;}$
Gostava tanto de você.

$\overset{G7M}{\;}$ $\overset{G7M}{\;}$ $\overset{Am7}{\;}$
Eu corro, fujo desta sombra
$\overset{Am7}{\;}$ $\overset{Bm7}{\;}$
Em sonho vejo este passado
$\overset{C7M}{\;}$ $\overset{Am7}{\;}$
E na parede do meu quarto
$\overset{\;\;C}{D}$ $\overset{G7M}{\;}$
Ainda está o teu retrato
$\overset{Bm7}{\;}$ $\overset{Am7}{\;}$
Não quero ver pra não lembrar
$\overset{\;\;C}{D}$ $\overset{Bm7}{\;}$
Pensei até em me mudar
$\overset{Am7}{\;}$
Lugar qualquer que não existia
$\overset{\;\;C}{D}$ $\overset{G7M}{\;}$ $\overset{Am7}{\;}$
O pensamento em você
$\overset{\;C}{D}$ $\overset{6}{\;}$
$\overset{G7M\;Bm7\;Am7}{\;}$ $\overset{\;\;\;\;\;\;\;\;\;\;\;\;\;\;G7M\;G7M\;G7M\;Am7}{\;}$
E eu,   gostava tanto de você
$\overset{\;\;C}{D}$ $\overset{6}{\;}$ $\overset{C}{\;}$
$\overset{G9\;G7M\;Am7\;D7\;G7M\;Am7\;D}{\;}$
Gostava tanto de você.

Gota d'água

Samba

Chico Buarque de Hollanda

TOM — RÉ MENOR

Dm   A7   Dm

Introdução: Dm Bb7M A7 Dm

```
              Gm              G
Dm            Bb              B
        Já lhe    dei meu corpo
              Gm
              Bb
        Minha alegria
Am5-    D7                    Gm
        Já es — tanquei meu sangue
                      D
                      F#
        Quando fervia
                              C
Bb                            E
        Olha a voz que me resta
        F             Bb
Eb            D
        Olha a veia que salta
              Bb      A
Bb            D       C#
        Olha a gota que falta
              A
A       C#    C       C9
        Pro desfecho da festa
```

```
        F
        Por favor
              A7              Cm
        F7M   E       A7  D7  Eb
        Deixa em paz meu coração
D7
        Que ele é um pote
                              Bbm6
              Gm7     Gm9  Db
Bis     Até aqui  de mágoa
                      D
              Bbm     C
        E qualquer desatenção
              G7  Gm6
               B   Bb
        Faça não
        A7                Dm  Em5- A7 Dm
        Pode ser a gota d'água
```

Para terminar:

```
              A             Gm6
A7    C       Dm    Dm9  D
        Pode ser a gota d'água
D9-               Gm   Gm9  E7
        Pode ser a gota d'água
A7                Dm   Dm9
        Pode ser a gota d'água
```

Mulheres de Atenas

Beguine

Chico Buarque de Hollanda
e Augusto Boal

Moderato

TOM — FÁ MAIOR
F   C7   F

Introdução: F F^G F^{Bb} F^{Gm} F^G F^{Bb} F^m

    F   G   Bbm6   C7
Mirem-se no exemplo daquelas mulheres de Atenas
    F   G   Bbm6   F
Vivem pros seus maridos orgulho e raça de Atenas
Bb   C   A
  Quando amadas se perfumam   Dm
                      Bb   C
  Quando amadas se perfumam se banham com leite
           Bb   C   F F7M
Se arrumam suas melenas
Bb   C   Bb
 A Quando fustigadas não choram
 C   Dm
Se ajoelham, pedem, imploram
Bb   Bb
     C
Mais duras penas
  F
Cadenas
    F   G   Bbm6   C7
Mirem-se no exemplo daquelas mulheres de Atenas
    F   G   Bbm6   F
Sofrem pros seus maridos poder e força de Atenas
Bb   C   Bb
 A Quando eles embarcam soldados
 C   Dm
Elas tecem longos bordados
         Bb
Bb   C   F
Mil quarentenas
      C   Bb
Bb E quando eles voltam sedentos
 A
 C   Dm
Querem arrancar violentos
        Bb
Bb   C
Carícias plenas
  F
Obscenas
    F   G   Bbm6   C7
Mirem-se no exemplo daquelas mulheres de Atenas
    F   G   Bbm6   F
Despem-se pros maridos bravos guerreiros de Atenas
Bb   C   Bb
  Quando eles se entopem de vinho
 A   Bb
 C   Dm   Bb   C
Costumam buscar o carinho de outras falenas
Bb   C Bb
  Mas no fim da noite aos pedaços
 A   Bb
 C   Dm   Bb   C
Quase sempre voltam pros braços de suas pequenas
 F
Helenas

    F   G   Bbm6   C7
Mirem-se no exemplo daquelas mulheres de Atenas
    F   G   Bbm6   F
Geram pros seus maridos os novos filhos de Atenas
Bb   C   Bb
  Elas não têm gosto ou vontade
 A
 C   Dm
Nem defeito, nem qualidade
        Bb
Bb   C F
Têm medo apenas
      C
Bb   Bb
Não tem sonhos só tem presságios
 A
 C   Dm
O seu homem mares naufrágios
     Bb
Bb   C F
Lindas sirenas morenas
    F   G   Bbm6   C7
Mirem-se no exemplo daquelas mulheres de Atenas
    F   G   Bbm6   F
Temem por seus maridos heróis e amantes de Atenas
Bb   C   Bb
  As jovens viúvas marcadas
 A
 C   Dm
E as gestantes abandonadas
     Bb
Bb   C F
Não fazem cenas
      C
Bb   Bb
Vestem-se de negro

Se encolhem
 A
 C   Dm
Se conformam e se recolhem
    Bb
Bb   C
As suas novenas
 F
Serenas
    F   G   Bbm6   C7
Mirem-se no exemplo daquelas mulheres de Atenas
    F   G
Secam por seus maridos
      Bbm6   F
Orgulho e raça de Atenas.

Olhos nos olhos

Samba-Canção

Chico Buarque de Hollanda

TOM — LÁ MENOR
Am   E7   Am

Introdução: Am   E7   Am   Am   F7M   Em9   Dm7   G13
            G#   G   F#

```
         C        Dm7      D#°    C
                                  E
         Quando você me deixou meu bem

    C
    Bb              C7     F
         Me disse para eu ser feliz
                Fm
         E passar bem
    E7                        Am
         Quis morrer de ciúmes
                      Am7
         Quase enloqueci
    D7                    Dm       G7
         Mas depois como era de costume obedeci
    C7M       Dm7     D#°    C
                             E
         Quando você me quiser rever
    C7              C13  F7M     G#°
         Já vai me encontrar refeita pode crer
    Am7          G#°
         Olhos nos olhos
    C             C
    G             Bb
         Quero ver o que você faz
    Bm5-                  F7M         E9-
         Ao sentir que sem você eu passo bem demais
                     E7        A
    Am           G#       G
         E que venho até   remoçando

    D         Dm
    F#        F    E7         D#°
         Me pego cantando   sem mais nem porque
```

```
                       A7
    Am             G
         E tantas águas rolaram
    D             G
    F#            F
         Quantos homens me amaram
    G7       Dm7           G7
         Bem mais    e melhor que você
    C        Dm      D#°    C
                            E
         Quando talvez precisar de mim
    C9           C13          F7M
         Se sabe que a casa é sempre sua
                 E7
         Venha sim
                 E9-
                 G#
    Am   Olhos nos olhos
    C                C
    G                B
         Quero ver o que você diz
    Bm5-                F7M       E7 Bm4 E7 Am9
         Quero ver como suporta me ver tão feliz
```

Minha Terra

Canção

Waldemar Henrique

TOM — RÉ MAIOR
D   A7   D
Introdução: D   G   A7   D
          Em

I

Este Brasil tão grande e amado
                  Em7 A7
Em7
É meu país idolatrado
        F#m
Bm
Terra do Amor e Promissão
          Em
Toda verde, toda nossa
   A7
   G7   F#m7 A7
De carinho e coração.

II

D7M   D7   G
Na noite quente enluarada
A
G   F#m
O sertanejo está sozinho
C9   B7   Em Em7
E vai cantar pra namorada
A
G   A7   D7M   A13
No lamento do seu pinho.
D7M   D7   G
E o sol que nasce atrás da serra
A
G   F#m
A tarde em festa rumoreja
C9   B7   Em Em7
Cantando a paz da minha terra
A
G   A7   D   F#7   Bm7
Na toada sertaneja

III

                C#°
Este sol, este luar
    F#7   Bm
Estes rios e cachoeiras
G7   A#°
Estas flores, este mar
F#7   B7
Este mundo de palmeiras
         Em
         G
Tudo isto é teu, ó meu Brasil
         Bm
Deus foi quem te deu
         Em
G7M   Em   D   C#m5- C#m7
Ele por certo é brasilei — ro
        Bm Em7 Bm
F#7
Brasileiro como eu.

Quem há de dizer

Samba-Canção

Lupicínio Rodrigues e Olcides Gonçalves

© Copyright 1948 by Impressora Moderna Ltda. - Brasil
Copyright assigned 1952 to Cembra Ltda. - São Paulo - Brasil
Todos os direitos autorais reservados para todos os países - All rights reserved.
Direitos de execução pública controlados pelo ECAD - SADEMBRA

4
Fsusp
F7
B♭7M
B°
F7M
C
Am7
D7
G 13
C7
F7M
A5+
D7
Am5-
D7
A
G7
C7
C9
F
B♭7
Em5-
A7
Em5-
A7
B♭
Bm5-
E7
B
F
Dm7
G7
C7
F7M
A7
Am5-
D7
Gm
Gm7
C7
F

TOM — FÁ MAIOR
F   C7   F

Introdução: Bb7M Bb$_9^6$ Bbm^6 $\frac{F}{A}$ Db7 C13

C13   F7M
Quem há de dizer
  $\frac{F}{A}$ Abdm   Gm
Que quem você está vendo
$\frac{Bb}{F}$ Bbm6   C7 C9
Naquela mesa bebendo
C7 C7   F6 Gm9 F$_7^9$M $\frac{Bb}{C}$
E o meu querido amor
                          C C9
   F$_7^9$M   G13   G C
Repare bem que toda vez que ela fala
Dm7   G7
Ilumina mais a sala
F7   Bb7 A9 Ab7 C9
Do que a luz do refletor   G
 F7M   Abdm
O cabaret se inflama
      Gm7
Quando ela dança
$\frac{Bb}{C}$ Bbm6   C7
E com a mesma esperança
C9   C7   F7M9
   4 Todos lhe põem o olhar
Fsusp F7 Bb7M
E eu, o dono,
   Bbm   F7M Am7
Aqui no meu abandono
D7   G13
Espero, louco de sono,
C7   F7M A5+
O Cabaret terminar

                      D7
D7 Am5- $\frac{D7}{A}$ G7
Rapaz! leve esta mulher consigo
C7   C9   F
Disse uma vez um amigo
Bb7   Em5-   A7 Em5-
Quando nos viu conversar
 A7   Bb
Vocês se amam
             E7
Bm5- $\frac{E7}{B}$ F
E o amor deve ser sagrado
Dm7   G7
O resto deixa de lado
C7   F7M A7
Vá construir o seu lar
Am5- D7   Gm
Palavra! Quase aceitei o conselho
Gm7   C7   F
O mundo, este grande espelho
Bm5-   Bb7 A7
Que me fez pensar asssim
A9 A7 Bb7 Bm5-   Am F7M
Ela nasceu com o destino da lua
   4     $\frac{D7}{A}$
Asusp   G13 G13-
Prá todos que andam na rua
$\frac{Bb}{C}$ C13 $\frac{F}{C}$ Gm7 Gb$_6^9$ F7M
Não vai viver só p'rá mim.

Pérola Negra

Luiz Melodia

Cm7 F7 G7M Em7 A7 Am7 C/D
G7M Em7 Bm7 G7M Bm5- E7 Am7
Cm7 Cm6 G7M Em7 A7 A9 Bm7 D7
G7M Bm7 Bm5- E7 Am7 C7M
Am5- D9- G7M A7 A9 Am7 D7

TOM — SOL MAIOR
G   D7   G

Introdução: G7M   Bm7   Em9   Am9   D7

   G   G7M   Bm7
Tente passar pelo que estou passando
Bm5-   E7   Am7
Tente apagar êste teu nôvo engano
Cm7   F7   G7M   Em7
Tente me amar pois estou te amando
A7   A9   Am7   D9   D7
Baby te amo nem sei se te amo
G7M   Em7 Em9   Bm7
Tente usar a roupa que estou usando
Bm5-   E7   Am7
Tente esquecer em que ano estamos
Cm7   F7   G7M   Em7
Arranje algum sangue escreva no pano
A7   C   G7M
              Am7   D
Pérola negra te amo, te amo.

            Em7   Bm7 G7M
Rasgue a camisa enxugue meu pranto
Bm5-   E7
Como prova de amor
        Am7
Mostre seu novo canto
   Cm7   Cm6   G7M   Em7
Escreva no quadro em palavras gigantes
A7   A9   Am7 D7
Pérola negra te amo, te amo
G7M   Bm7
Tente entender tudo mais sobre sexo
Bm5-   E7
Peça-me um livro
          Am7 C7M
Querendo te empresto
Am5-   D9
Se inteire da coisa
      G7M
Sem haver engano
A7   A9
Baby te amo
        Am7 D7
Nem sei se te amo

Pierrot

Canção

Letra de
Paschoal Carlos Magno

Música de
Joubert de Carvalho

© Copyright 1946 by Irmãos Vitale S.A. Ind. e Com. São Paulo - Rio de Janeiro - Brasil
Todos os direitos autorais reservados para todos os países - All rights reserved.

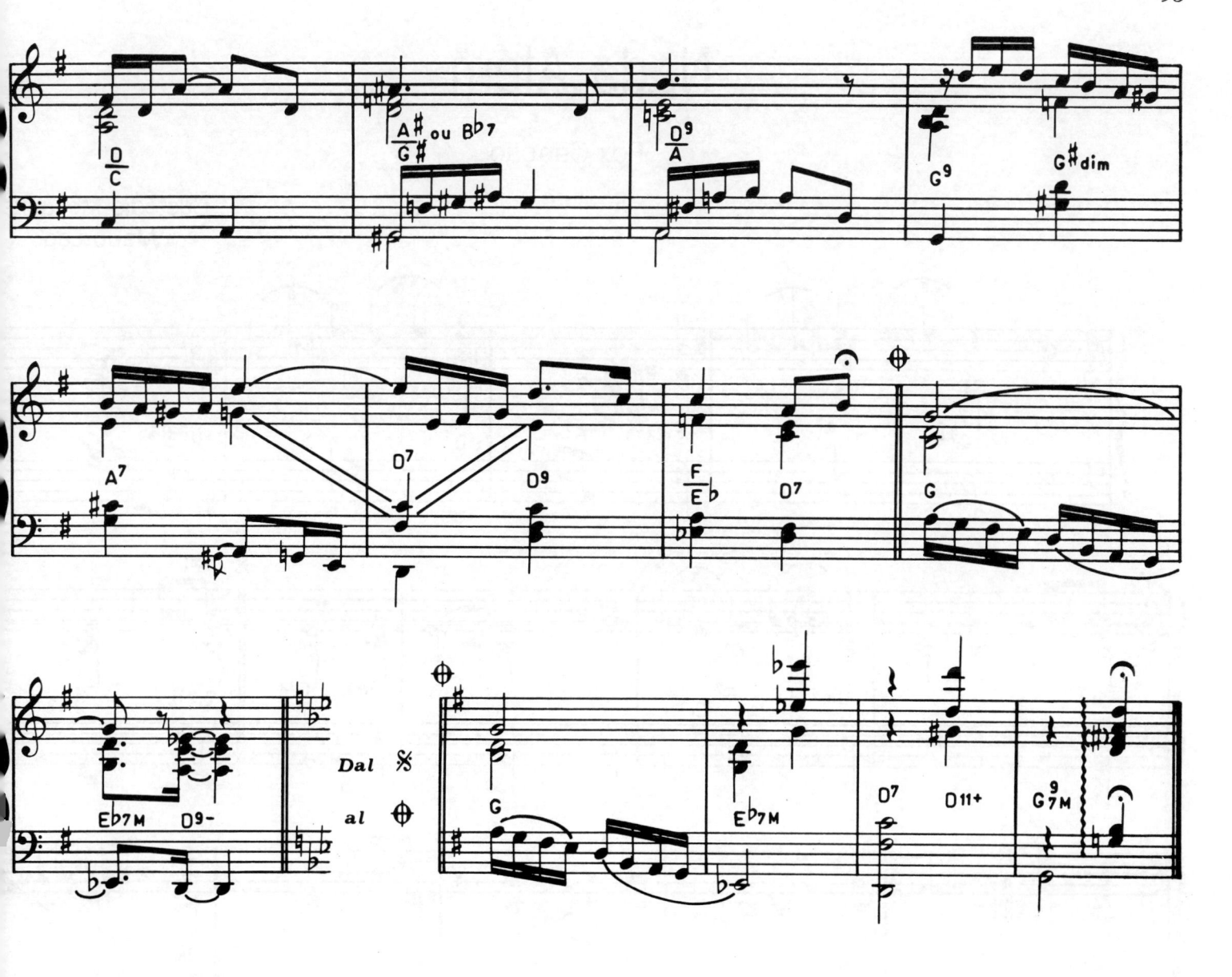

TOM — SOL MENOR
Gm   D7   Gm

Introdução: *G9⁶ E9 A7 D D9 Eb D9 G Eb7M D9-*

Gm9   *Am5-*
Há sempre um vulto de mulher
  D7   Gm9 Gm7
  S o r r i n d o
  Cm7   Am5-   D4 D7
  Em despreso à nossa mágua
  Bm7   E9   Am7 D9
  Que nos enche os olhos d'água

D9   *G7M*
  Pierrot, Pierrot!
        Bm7   Em7   D/C
  Teu destino tão l i n d o
D7   Am7   Cm5-   D4 D7
  É sofrer, é chorar toda a vida
         D/C   *A#/G# ou Bb7*   *D9/A*
  Por amor do amor de alguém... de alguém
G9   *G#dm*   *A7*
  Arranca a máscara da face, Pierrot,
D7   *D9*   *F/Eb*
  Para sorrir do amor
  D7   G
  Que passou.

         Gm   *Am5-*
  Deixar de amar não deixarei
  D7   Gm9 Gm7
  porque
  Cm7   Am5-   D4 D7
  O amor feito saudade
  Bm7   E9   Am7 D9
  E a maior felicidade
D9   *G7M*
  Pierrot, Piertot! etc

Nada Além

Fox-Canção

Custódio Mesquita
e Mário Lago

TOM — DÓ MAIOR
C   G7   C

Introdução: C7M   A7   Em5-   A7   D7   D#dm   G7   Dm7   G7   C   Dm9   G13

 C7M Dm9 Em7
Nada, além,
  A7 Dm7 G7 Dm7 G7
Nada além de uma i l u s ã o
 A7
Chega bem
Dm7   C Dm7 G7
E é demais para o meu coração
 C A7 Dm
Acreditando em tudo que o amor
   F
   G
Mentindo sempre diz
G7 Em7 A7 Dm7
Eu vou vivendo assim
  G7 Em7 Ebdm Dm   G13
Feliz   na ilusão de ser feliz

 C7M Em7
Se o amor
  Am7 Dm7 G7 Dm7 G7
Só nos causa sofrimento e dor
  Dm7 G7 Dm7
É melhor,
 G13 Bm7 E7
Bem melhor a ilusão do amor
      5-
A7   Em A7
Eu não quero e não p e ç o
D7 Adm
Para o meu coração
  G7 Dm7 G7 C
Nada além   de uma linda ilusão

Os alquimistas estão chegando

(Os alquimistas)
Samba

Jorge Ben

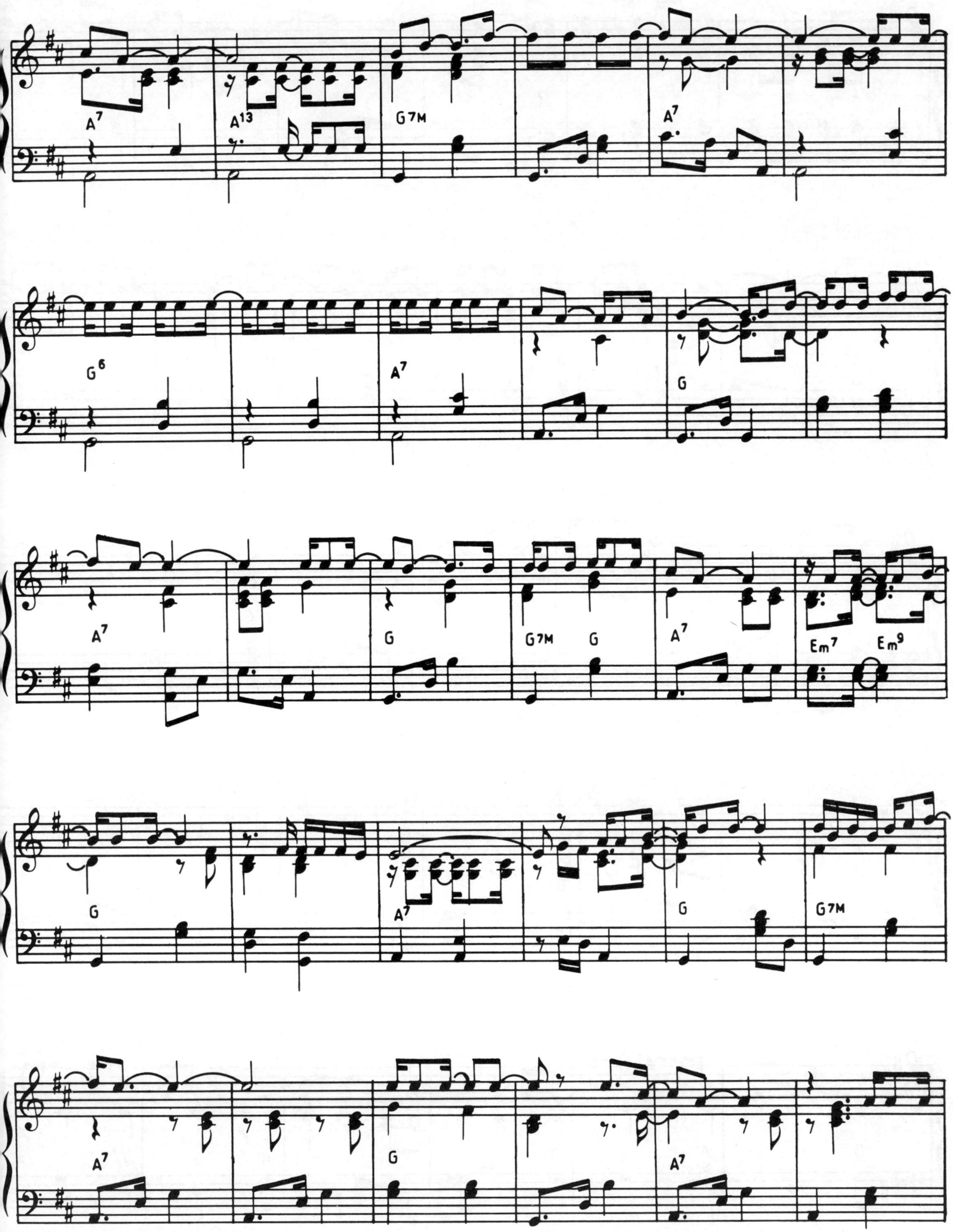
A7
A13
G7M
A7
G6
A7
G
A7
G
G7M
G
A7
Em7
Em9
G
A7
G
G7M
A7
G
A7

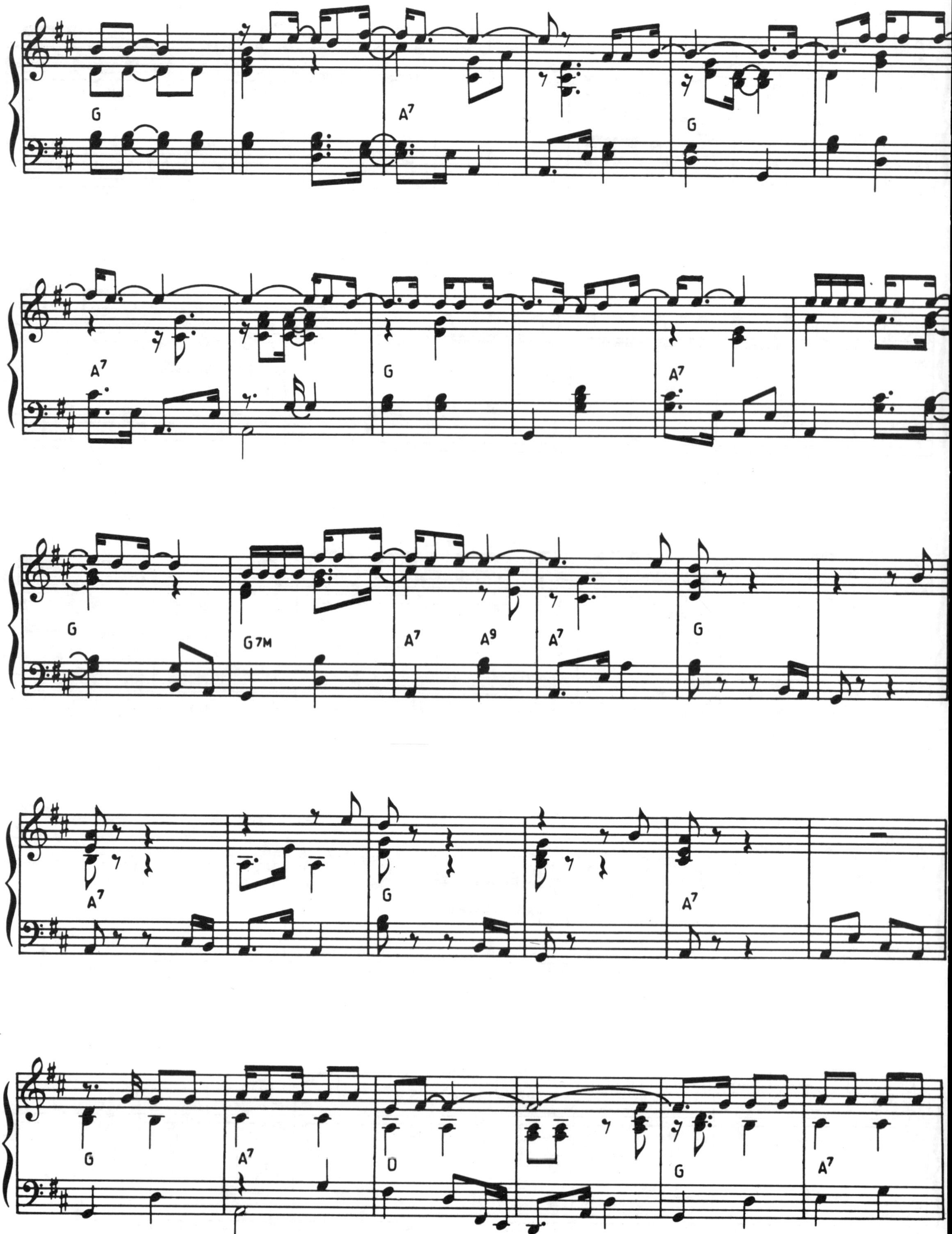
G
A7
G
A7
G
A7
G
G7M
A7
A9
A7
G
A7
G
A7
G
A7
D
G
A7

TOM — RÉ MAIOR

D A7 D

Introdução: G A7 D G A7 D

        A7   D   D7M
Os alquimistas estão chegando,
G7M   A7   A13 D7M
Estão chegando os alquimistas
     G   A7   D
Os alquimistas estão chegando
        G   A7 D6
Estão chegando os alquimistas
   G7M   A13   D
Oh, Oh, Oh, Oh,
   G7M D   A13   A7
Oh, Oh, Oh, Oh,
   G   A7
Eh, Eh, Eh, Eh,
G6   A7
Eles são discretos e silenciosos
G7M   A7
Moram bem longe dos homens
 G6   A7
Escolhem com carinho a hora e o tempo

Do seu precioso trabalho

                G   A7
São pacientes, assíduos e perseverantes
        G   G7M   A7   Em7
Executam segundo as regras herméticas
    Em9 G   A7
Desde a trituração, a fixação
     G   G7M   A7
A distilação e a coagulação
    G   A7   G
Trazem consigo cadinhos vasos de vidro
        A7   G   A7
Potes de louça todos bem iluminados
  G   A7
Evitam qualquer relação com pessoas
.   G
De temperamento sórdido
G7   A7   A9
De temperamento sórdido
      A7   G   A7
Eh, Eh, Eh, Eh,
     G   A7
Eh, Eh, Eh, Eh,

Bis {   A7   D
Os alquimistas estão chegando
G
Estão chegando os alquimistas
   G7M   A7
Oh, Oh, Oh, Oh,
   G7M   A13
Oh, Oh, Oh, Oh,

Você não sabe amar

Canção

Carlos Guinle,
Dorival Caymmi e Hugo Lima

Lento

TOM — FÁ MAIOR
F   C7   F

Introdução: Bb Bbm⁶ Am D7 G7 C7 F C13

    F   Em5-   A7
Você não sabe amar, meu bem,
  Dm   Cm7 F13
Não sabe o que é o amor
Bb 7M Bbm6 Am7   D9
Nunca viveu,   nunca sofreu
   G7   Gm7
E quer saber mais que eu
    F   Em5- A7
O nosso amor parou   aqui
 Dm   G7   Cm7 F7
E foi melhor assim
Bb7M   Bbm6 Am7   D7
  Você esperava   e eu também
       G7   C7   F
  Que fosse esse   seu fim

Cm7   F7
Nosso amor
  Cm7   F7
Não teve ferida
  Bb7M   Eb7   Bb
As coisas boas   da vida
  Dm   G7 Dm   G7
E foi melhor para você
     Gm7   C7
E foi também melhor pra mim.
    F   Em5- A7
O nosso amor parou aqui
  Dm   Cm7 F13
E foi melhor assim
Bb7M   Bbm6 Am7   D7
  Você esperava   e eu também
     G7   C7   F   Bbm6 F7M
  Que fosse esse   seu fim

Terezinha

Valsinha

Chico Buarque de Hollanda

TOM — MI MENOR

Em B7 Em
Introdução: Em G#° C# A / B9- Em

I

Em   Bm4
O primeiro me chegou
E7   A7
Como quem vem do florista
Am6   C7
Trouxe um bicho de pelúcia
B7   Em
Trouxe um broche de ametista
C7M   A7
Me contou suas viagens
G   Bm
E as vantagens que ele tinha
D7   G   E7
Me mostrou o seu relógio
F#7   B7
Me chamava de rainha
G7   C
Me encontrou tão desarmada
Cm   E7
Que tocou meu coração
E7   A7
Mas não me negava nada
B7   Em
E assustada eu disse não.

Côro: *E7 A B9- Em*

II

Em   Bm4
O segundo me chegou
E7   A7
Como quem chega do bar
Am6   C7
Trouxe um litro de aguardente
B7   Em
Tão amarga de tragar
C7M   A7
Indagou o meu passado
G   Bm
E cheirou minha comida
D7   G   E7
Vasculhou minha gaveta
F#7   B7
Me chamava de perdida
G7   C
Me encontrou tão desarmada
Cm   E7
Que arranhou meu coração
A
Mas não me entregava nada
B7   Em
E assustada eu disse não

Côro: *E7 A B9- Em*

III

Em   Bm4
O terceiro me chegou
E7   A7
Como quem chega do nada
Am6   C7
Ele não me trouxe nada
B7   Em
Também nada perguntou
C7M   A7
Mal sei como ele se chama
G   Bm
Mas entendo o que ele quer
D7   G   E7
Se deitou na minha cama
F#7   B7
E me chama de mulher
G7   C
Foi chegando sorrateiro
Cm   E7
E antes que eu dissesse não
E7   A7
Se instalou feito um poceiro
B7   Em
Dentro do meu coração.

Côro: *E7 A B9- Em*

Quando

Roberto Carlos

107

TOM — FÁ MAIOR
F   C7   F

Introdução: F   Bb
              C

F
Quando
   F   Gm7   C
   Você se separou de mim
   C7 C9
   Quase
C7   F C7 F
   Que a minha vida teve fim
    Bb   Am7
   Sofri, chorei
   Dm7 D7   Gm7
             C
   Tanto que nem sei
   Gm7
    C   C7
   Tudo que chorei
            Bb
    F   C   C7
   Por você, por você...ô ô ô
   F
   Quando
   F   Gm7 C7
   Você se separou de mim
    C
    Bb
   Eu,
C7   F
   Pensei que ia até morrer
    Bb   Am7
   Depois, lutei
   Dm   C   Gm7
   Tanto pra esquecer
   C7   Gm7
   Tudo que passei
       F
    C   Gm7
   Com você, com você,
   C7   F
   Com você...

Gm7
E mesmo assim
    C7
Ainda eu não vou dizer
        F
Que já te esqueci
Dm7   Gm Gm7   C7
Se alguém vier me perguntar
            F
    F   C
Nem mesmo sei que vou falar
Dm7   Gm7   C7
Eu posso até dizer, ninguém te amou
           F
O tanto quanto eu te amei
Dm7 Gm Gm7   C9
Mas você não mereceu
        Gm
F   Bb   C7
O amor que eu te dei
F
Quando
   F   Gm7 Gm7
   Você se separou de mim
   Gm7
   Quase
C7   Am7 Gm7
   Que a minha vida teve fim
     F
Bb   A   Am7
Agora, eu
Bb   Gm7
Nem quero lembrar
Gm7
   C   C7
Que um dia eu
Gm7
 C   F   Gm7 C7   F
Te amei e sofri e chorei
Dm Gm C7 F   Dm
Eu te amei e chorei... ô ô ô
    C   F
Por você eu chorei...

Cabelos Brancos

Samba

Herivelto Martins
e Marino Pinto

© Copyright 1948 by Irmãos Vitale S/A. Ind. e Com. - São Paulo - Rio de Janeiro - Brasil.
Todos os direitos autorais reservados para todos os países - All rights reserved.

Em5-
A7
Eb7
D7
Cm
Cm/Bb
D9-
D7
Gm
Gm/F
Eb7
D7
1.
Gm
G7
2.
Gm
Gm9
Am5-
D7
Gm7
Dm5-
G7
Cm7
Cm
Am5-
D7/A
D7
Gm
Gm/F

TOM — SOL MENOR
Gm   D7   Gm

Introdução: *Cm   D7   Gm   Eb7M   Am7   D7   Gm   Am7   D7*

     Gm7   A7   D7   Gm7 Gm9
Não falem desta mulher perto de mim
    Fm9   Bb7   Eb   Eb7M
Não falem pra não lembrar minha dor
    Am7 D7 Am7 D7   Gm
Já fui moço, já gozei a mocidade
     Em5- A7   Eb7 D7
Se me lembro dela me dá saudade
          Cm   *Gm*
Cm   Bb   D9   D7   Gm   F
Por ela eu vivo aos trancos e barrancos
           Eb7   D7   Gm
Respeitem ao menos os meus cabelos brancos.
  Am5-   D7   Gm7
Ninguém viveu a vida que eu vivi
  Dm5-   G7   Cm7 Cm
Ninguém sofre na vida o que eu sofri
  4
  Dsusp   D7   G7   Gm   Gm/F
As lágrimas sentidas, os meus sorrisos francos
  Em5-   A7
Refletem-se hoje em dia
  4
  Dsusp   D7 G7
Nos meus cabelos brancos
            Eb/F
Cm   Bb7
Agora em homenagem ao meu fim,
  Am5-   D7   Gm
Não falem dessa mulher perto de mim.

Maninha

Valsa

Chico Buarque de Hollanda

TOM — FÁ MAIOR

F   C7   F

Introdução: D7   F   A7   Dm   F7M   Bb7M   C9-   C11+⁹⁺

F   F7M C E
Se lembra da fogueira
Dm7   Bbm6
Se lembra dos balões
F7M   E7   Am D7
Se lembra dos luares dos sertões
Gm   Gm7 Gm7M
A roupa do varal
Gm7   Gm6
Feriado nacional
   Cm
   G   Ab13   Am5- D7
E as estrelas salpicadas nas canções
G7   Cm7
Se lembra quando toda modinha
  A7
  C   Dm Gm Dm
Falava de amor
D   G
C   B
Pois, nunca mais, cantei, oh! Maninha
C7   C9- F Bb
Depois que ele chegou
F   F7M C E
Se lembra da jaqueira
Dm7   Bbm6
A fruta no capim
F7M   E7   Am D7
O sonho que você contou pra mim
Gm   Gm7 Gm7M
Os passos no porão
Gm7   Gm6
Lembra da assombração

   Cm
   G   Ab13   Am5- D7
E das almas com perfume de jasmim
G7   Cm7
Se lembra do jardim oh! Maninha
  A7
  C   Dm Dm Dm
Coberto de flor
D   G
C   B
Pois, hoje só dá erva daninha
C7   C9- F Bb
No chão que ele pisou
F   F7M C E
Se lembra do futuro
Dm   Bbm6
Que a gente combinou
F7M   E7   Am D7
Eu era tão criança e ainda sou
Gm   Gm7 Gm7M
Querendo acreditar
Gm7   Gm6
Que o dia vai raiar
   Cm
   G   Ab13   Am5- D7
Só porque uma cantiga anunciou
G7   Cm7
Mas não me deixe assim tão sozinha
  A7
  C   Dm Gm Dm
A me torturar
D   G
C   B
Que um dia ele vai embora, Maninha,
C7   C9- Bbm7 Am7 Gm7 F$_9^6$
Prá nunca mais voltar.

Cotidiano

Chico Buarque de Hollanda

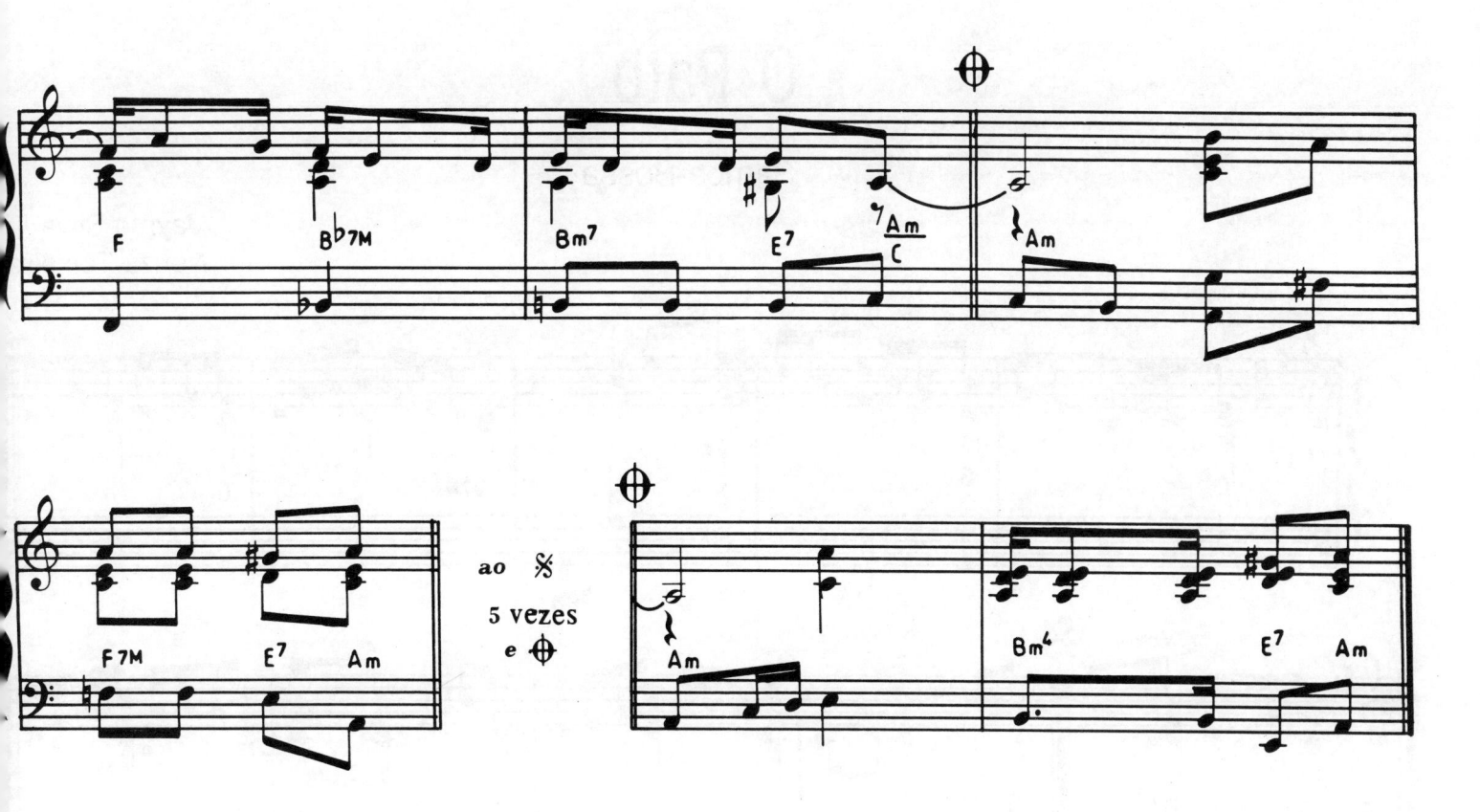

TOM — LÁ MENOR
Am   E7   Am

Introdução: Am7 Bm7 C7M Bm7 Em E7 Am

  Am
Todo dia ela faz tudo sempre igual
                G
Me sacode às seis horas da manhã
            F7
Me sorri um sorriso pontual   D
        E7   Am E Am7
E me beija com a boca de hortelã.
    Dm7   E4   Am
Todo dia ela diz que é prá me cuidar
               G
E essas coisas que diz toda mulher
   G13   Dm7 G7   F
Diz que está me esperando pro jantar
                   Am
  Bb7M   Bm7   E7C Am
E me beija com a boca de café
Am
Todo dia eu só penso em poder parar
               G
Meio dia eu só penso em dizer não
        G   F7
Depois penso na vida pra levar D
          E7   Am E Am7
E me calo com a boca de feijão

             Dm7   E4 Am
Seis da tarde como era de se esperar
               G
Ela pega e me espera no portão
      G13   Dm7   G7 F
Diz que está muito louca pra beijar
                  Am
  Bb7M   Bm7   E7 C Am
E me beija com a boca de paixão
Am
Toda noite ela diz prá eu não me afastar
               G
Meia-noite ela jura eterno amor
        G   F7
Me aperta pra eu quase sufocar D
        E7   Am E Am7
E me morde com a boca de pavor.
          Dm7   E4   Am
Todo dia ela faz tudo sempre igual
               G
Me sacode às seis horas da manhã
    G13   Dm7 G7   F
Me sorri um sorriso pontual
  Bb7   Bm7   E7 Am Bm4 E7 Am
E me beija com a boca de horte — lã

O Pato

Samba-Bossa

Jayme Silva e
Neuza Teixeira

TOM — SOL MAIOR
G   D7   G

Introdução: C   G   E7   G7M   C9   G   D7

   D7 G   A7
O   pato vinha cantando alegremente

Quen, quen,

                         Am   Eb7   D7
Quando o marreco sorridente pediu
                      G
Para entrar também no samba, no samba,
          G   D7   G G$^6_9$
O ganso gostou   da dupla e fez também
A7
Quen, quen,

Olhou pró cisne e disse assim vem, vem,

            Eb7 D7   G
Que o quarteto ficará bem, muito bom, muito bem,
Dm7   G7   Dm7 G13   C   A7
Na beira da   lagoa foram ensaiar
                 Am7 D7   G7M
Para começar o Tico-Tico no Fubá
G13   C7M   G
A voz do pato era mesmo um desacato
      C   Cm G
Jogo de cena com o ganso era mato
C   G
Mas eu gostei do final
        G
Am7 F   E7
Quando caíram n'água
  D7   G   G7M
Ensaiando o vocal, quen, quen.

                  D7   G   G7M
Para terminar: Quen quen,   quen quen
                  D7   G   G7M
Quen quen,   quen quen

Passaredo

Toada

Francis Hime
e Chico Buarque de Hollanda

TOM — DÓ MAIOR
C   G7   C

Introdução: C $\overset{D}{C}$ $\overset{F}{C}$

C7M
Ei,   pintassilgo
Fm6
C
Oi,   pintaroxo
            Fm6
C7M   C
Melro, uirapurú
C7M
Ai,   chega-e-vira
Bb
C
Engole-vento
F   Fm
C   C
Saíra, inhambú

C
Foge, asa-branca
D   G
F   F
Vai, patativa
C
E   D7   G4 G7
Tordo, tujú, tuim
Eb7M   Eb7
Xô, tiê-sangue
F7   Abm
Eb   Eb
Xô, tiê-fogo
              F Abm
Eb   Eb7   Eb Eb
Xô, rouxinol, sem fim
Bbm
Db
Some coleiro
Bbm6
C   C7
Anda trigueiro
F
A   Abm7M
Se esconde, colibri
C7M
Voa, macuco
Fm
C
Voa, viúva
          Fm
C7M Ab
Utiariti
C7M
Bico calado
Fm
C
Toma cuidado

              Fm
C7M   Ab
Que o homem vem aí
            Fm
C7M   C
O homem vem aí
            Fm
C7M   C
O homem vem aí
C7M
Ei, quero-quero
Bb
C   .
Oi, tico-tico
F   Fm
C   C
Anum, pardal, chapim
C
Xô, cotovia
D   G
F   F
Xô, ave-fria
C
E   D7   G4 G7
Xô, pescador-martim
Eb7M   Eb7
Some rolinha
F7   Abm
Bb   Eb
Anda, andorinha
                  F Abm
Eb   Bb7   Eb Eb
Te esconde, bem-te-vi
Bbm
Bb
Voa, bicudo
Bbm6
C   C7
Voa, sanhaço
F
A   Abm7
Vai juriti
C7M
Bico calado
Fm
C
Muito cuidado
              Fm
C7M   Ab
Que o homem vem aí
            Fm
C7M   C
O homem vem aí
            Fm
C7M   C
O homem vem aí

Saia do Caminho

Samba

Custódio Mesquita
e Ewaldo Ruy

TOM — FÁ MAIOR
F   C7   F

Introdução: F7M   Am5-   D7   D9-   Gm   Bbm⁶   Am7   Gm7   F7M   C7   F   Dm7 $\frac{Gm7}{C}$

$\frac{Gm7}{C}$ F7M
    Junte tudo o que é seu
           F5+ $\frac{Gm}{Bb}$
    Seu amor, seus trapinhos
  Am4   D7 $\frac{Gm}{Bb}$
    Junte tudo o que é seu

      D7   C7
     $\frac{}{A}$ Gm9   Abdm $\frac{}{G}$
    E saia do meu caminho
                 F7M
     F7M $\frac{}{A}$
    Nada tenho de meu
              Dm7   Abdm   Gm7
    Mas prefiro viver sozinho
   D9-   Gm7 Gm9
    Nosso amor já morreu
          $\frac{Bb}{F}$ G7 $\frac{Bb}{C}$
    E a saudade, se existe, é minha

   C13   F7M
    Tinha atè um projeto
          F5+   Gm
    No futuro, um dia,
   Am4   D7 $\frac{Gm}{Bb}$ Gm7
    O nosso mesmo teto
              $\frac{Bb}{C}$ Ab $\frac{C7}{G}$
    Mais uma vida abrigaria
          C7   F7M
    Fracassei novamente
          F9   Bb
    Pois sonhei, mas sonhei em vão
   Abdm   Am7   Gm7 Am7
    E você, francamente, decididamente
          C7   F   C13
    Não tem coração

Sugestivo

Choro

Moacyr Silva

2.
Am
A
C#m7
Cm7
Bm
Bm/A
G#m5-
C#7
F#m
B7
Bm
E7
A6
A7M 9
A
A/C#
A7
D
A7
D
Dm6
C#m7
F#7
B7
E7
A
Do
𝄋
ao
⊕
⊕
A

Cascata de Lágrimas

Valsa-Chôro

Moacyr Braga

© Copyright 1939 da Editorial Mangione para todos os países do mundo - All rights reserved.
Sucessora de E. S. Mangione - São Paulo - Rio de Janeiro - Brasil.
Registrada na Escola Nacional de Música do Rio de Janeiro.

A0
Gm7
Em5-
A7
Dm
Dm/F
Em5-
A7
Dm
Fim
A7
A7
Dm
A7
C#0
Dm7
Gm7
Em5-
Dm
Gm/Bb
A7
Dm
1
2
D.C. até ⊕ e TRIO

TRIO
Dm D D G/A D⁰ D
B⁷ Em B⁷ Em
Gm/B♭ A⁷ A⁹ G♯⁰ A⁷
D A⁷ D Am D⁷
G Gm⁷ Gm⁶ D C⁷ B⁷
Em⁷ A⁷ 1. D 2. D
D.C. e Fim

Amor Cigano

Bolero

Mário Mascarenhas

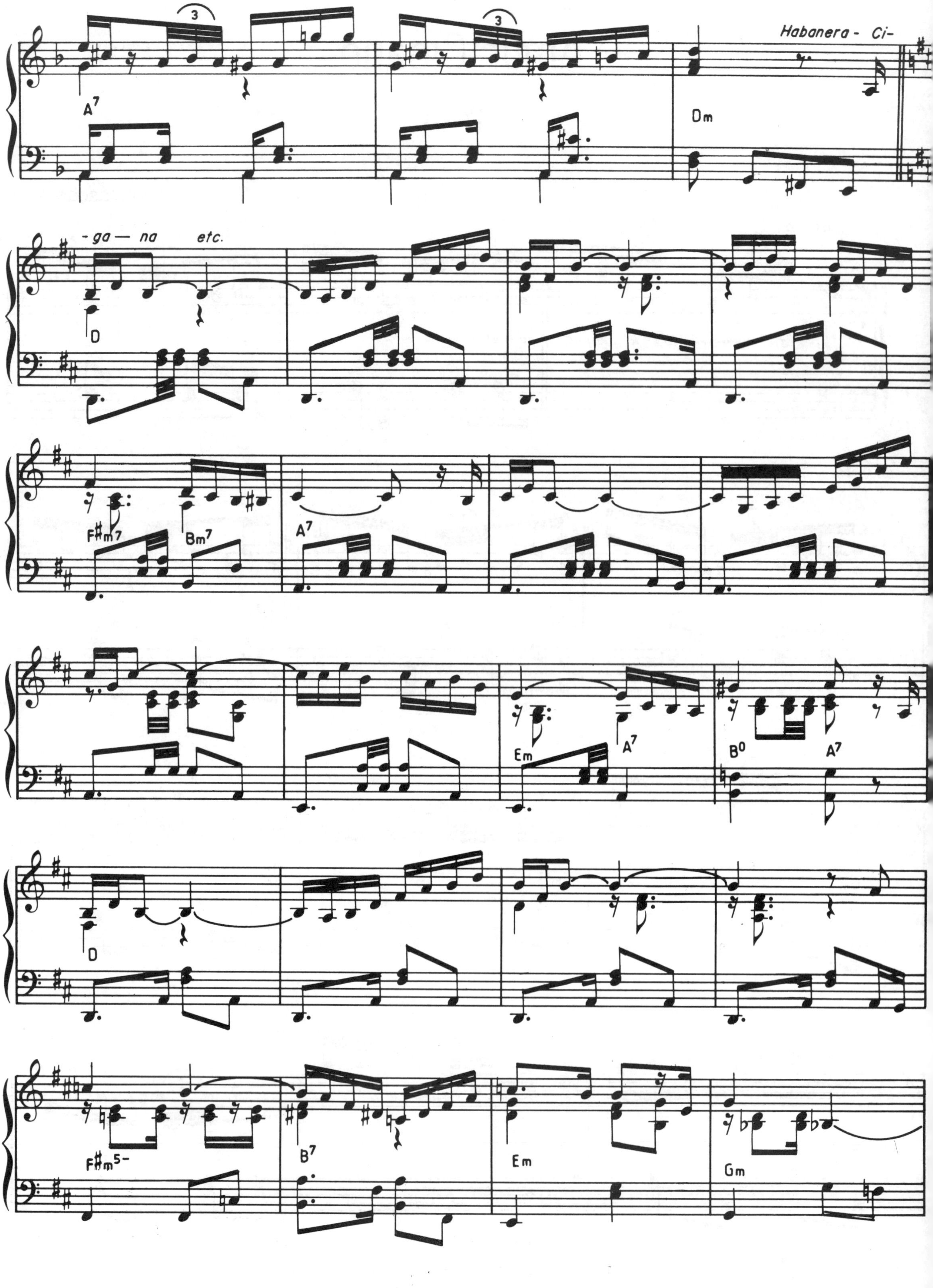
Habanera - Ci-
-ga — na etc.
A7
Dm
D
F#m7
Bm7
A7
Em
A7
B0
A7
D
F#m5-
B7
Em
Gm

TOM — RÉ MENOR
Dm   A7   Dm

Introdução: Dm   A7

         Dm
Trá lá lá lá lá lá lá
         A7
Trá lá lá lá lá lá lá
         A7
Trá lá lá lá lá lá lá
         Dm
Trá lá lá lá lá lá lá
         D7
Amor cigano é um sonho
      Gm
Eterno, enganador
   Em5-
Tuas cartas armadilhas
        Dm
Encerram falso amor
    Bb7
Eu sou um prisioneiro
         A7
Dos teus lábios sensuais
        Dm
Trá lá lá lá lá lá lá
        A7
Trá lá lá lá lá lá lá
    A7
Palavras de cigana
    Dm
Mentiras, nada mais.

          D
Cigana,
A tua dança emocionante fez

Vibrar meu corpo
        F#m7 Bm7   A7
De emoção e alucinação
    A7
Destino,

Minha'alma ao som dos violinos
               Em
Se fez escrava deste amor
A7   B°
Embriagador
  D
Cigana

Eu seguirei a caravana
  F#m5-
Cigana
B7   B9-   Em
Armaste a tenda no meu coração
  Gm
Cigana,
Em5-   F#m5-
Teu misterioso olhar engana
Em7   Em7 A7
E o ciúme que nasceu em mim
    A7   D
Me faz cantar canções assim:

        Dm
Trá lá lá lá lá lá lá etc.

Apenas um rapaz latino americano

Rock Balada

Belchior

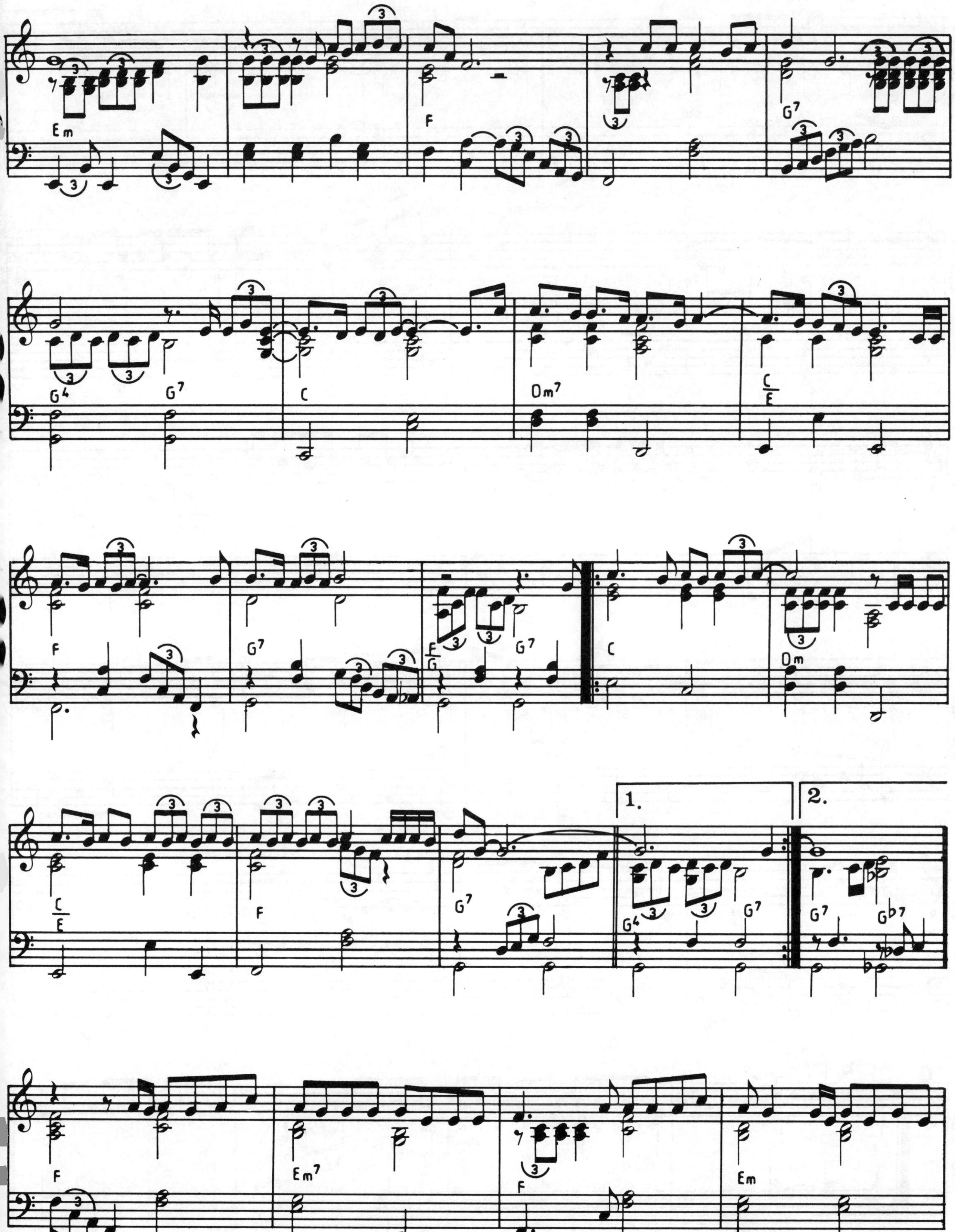

Em
F
G7
G4
G7
C
Dm7
C/E
F
G7
F/G
G7
C
Dm
C/E
F
G7
G4
G7
1.
2.
G7
G♭7
F
Em7
F
Em

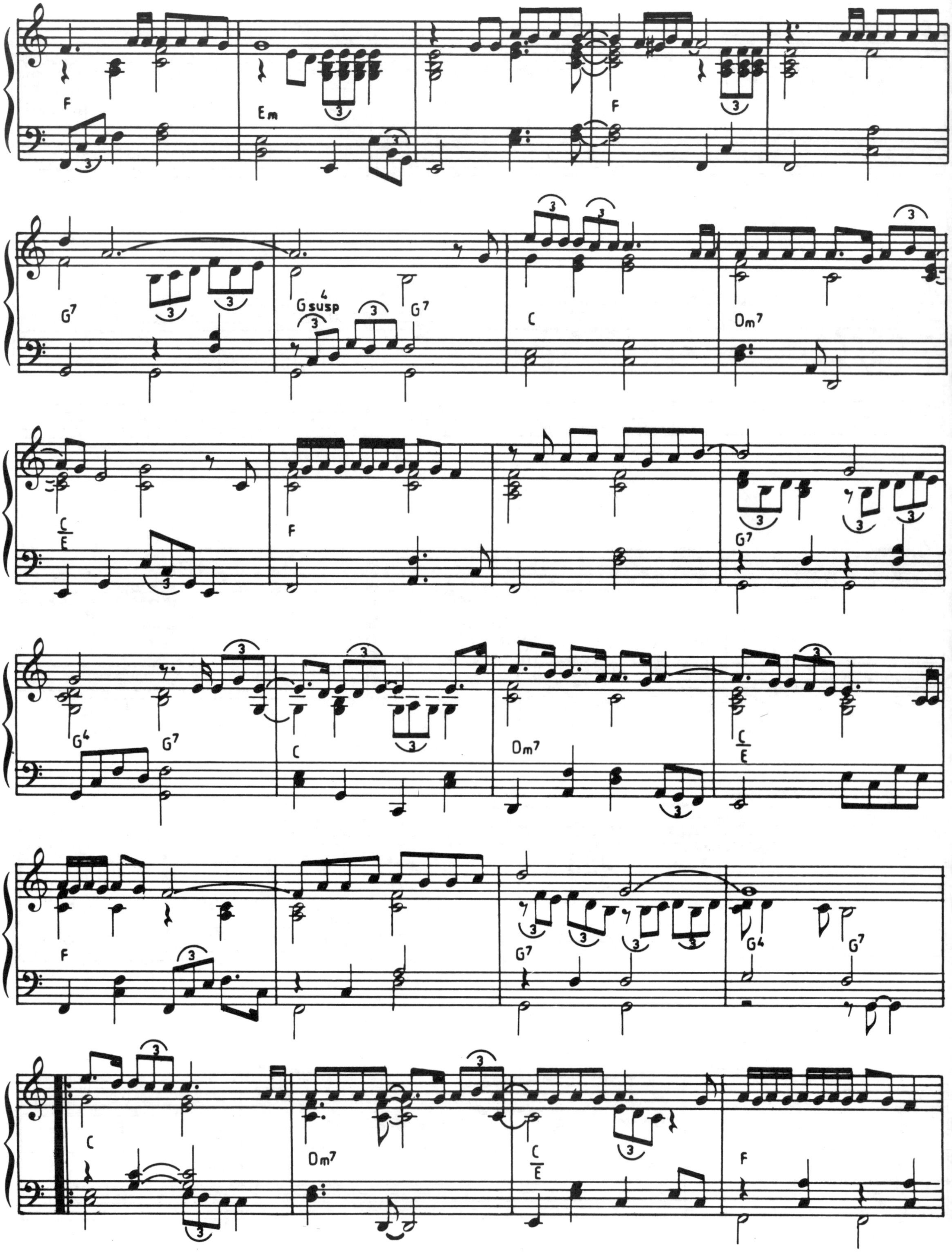
F
Em
F
G7
4
G susp
G7
C
Dm7
C/E
F
G7
G4
G7
C
Dm7
C/E
F
G7
G4
G7
C
Dm7
C/E
F

TOM — DÓ MAIOR
C G7 C

Introdução: Dm7 G7

        C
Eu sou apenas um rapaz
   Dm7
Latino-americano
  C
  E
Sem dinheiro no banco
  F
Sem parentes importantes
 G7   Dm G7
E vindo do interior
    C
Mas trago de cabeça
    Dm7
Uma canção do rádio
    C
Em que um antigo
    E
Compositor baiano me dizia:

      F
— Tudo é divino!
      G7
Tudo é maravilhoso!
F   Em
Tenho ouvido muitos discos,
     F
Conversado com pessoas,
        Em7
Caminhado o meu caminho
      F
Papo o som dentro da noite
        Em
E não tenho um amigo sequer
     F
Que ainda acredite nisso, não
          G7 G4
(Tudo muda!) e com toda razão
G7 C
Eu sou apenas um rapaz
   Dm7
Latino-americano,
  C
  E
Sem dinheiro no banco
  F
Sem parentes importantes
 G7   Dm G7
E vindo do interior
   C   Dm7
Mas sei que tudo é proibido
     C
     E
(Aliás, eu queria dizer que tudo

É permitido...

                F
Até beijar você no escuro do cinema
        G7
Quando ninguém nos vê!)

        F   Em7
Não me peça que eu lhe faça
         F
Uma canção como se deve:
        Em
Correta, branca, suave,
      F
Muito limpa, muito leve
         Em
Sons, palavras, são navalhas
         F
E eu não posso cantar como convém
                  4
               G7 Gsusp
Sem querer ferir ninguém
     G7   C
Mas não se preocupe, meu amigo,
         Dm
Com os horrores que eu lhe digo
        C
Isto é somente uma canção
     F
A vida realmente é diferente
                G7
Quer dizer: ao vivo é muito pior
      C
E eu sou apenas um rapaz
  Dm7
Latino americano,
C
E
Sem dinheiro no banco
      F
Por favor não saque a arma no saloon,
                 4
            G7 Gsusp
Eu sou apenas o cantor
C
Mas se depois de cantar
     Dm7
Você ainda quiser me atirar
     C
Mate-me logo à tarde, às três,
      F
Que à noite eu tenho compromisso

E não posso faltar
      G7
Por causa de vocês
    C
Eu sou apenas um rapaz
   Dm7
Latino-americano
C
E
Sem dinheiro no banco
  F
Sem parentes importantes
 G7   Dm G7
E vindo do interior
   C   Dm7
Mas sei que nada é divino, Nada,
     C
     E
Nada é maravilhoso, Nada
     F
Nada é secreto, Nada,
      G7
Nada é misterioso, Não!

Não tem solução

Samba-Canção

Dorival Caymmi
e Carlos Guinle

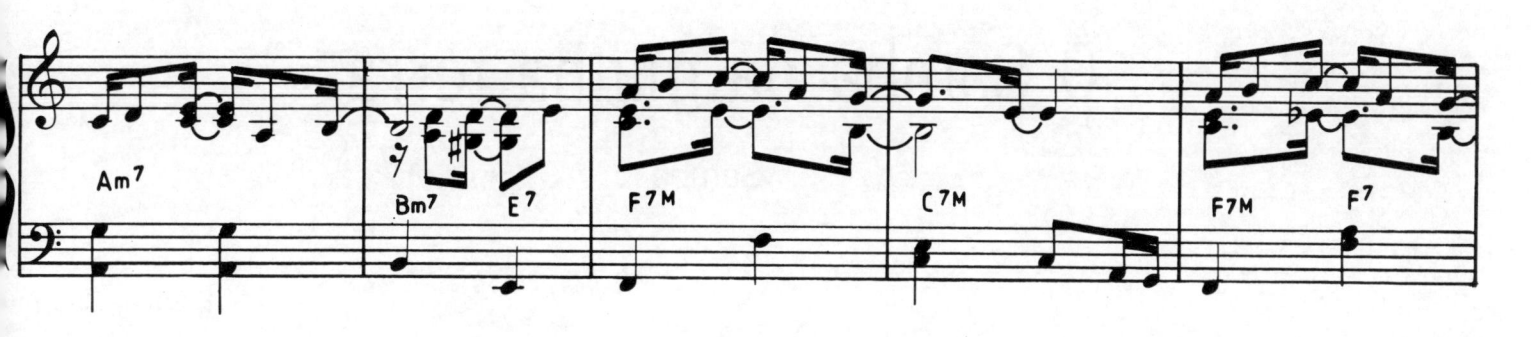

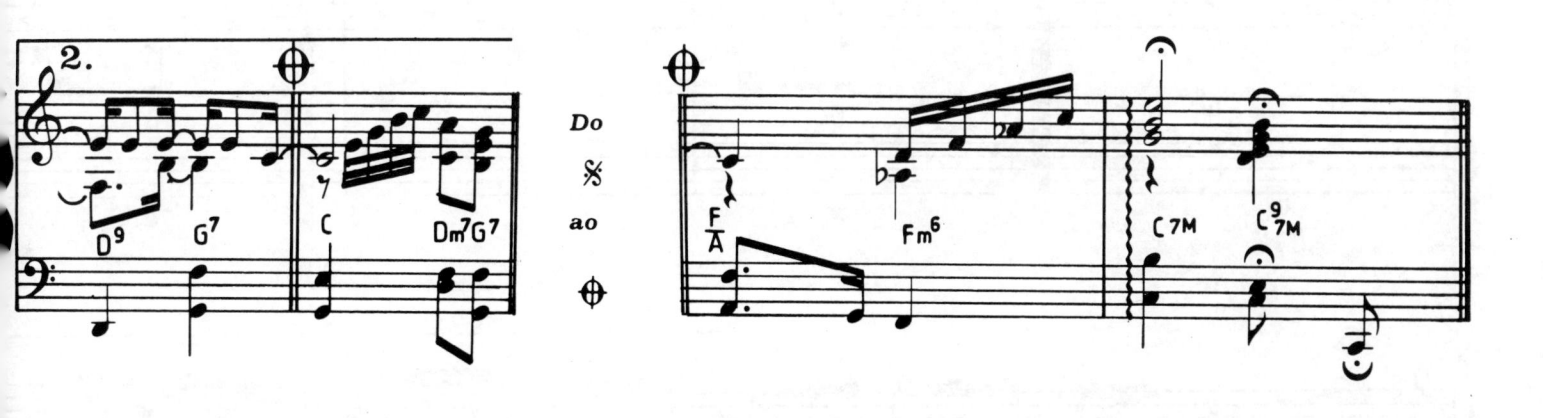

TOM — DÓ MAIOR
C   G7   C

Introdução: F7M   Fm   G7

   G7   Fm   Fm9
Aconteceu um novo amor
Fm   C7M
Que não podia acontecer
F#5-   B7   Em A13
Não era hora de amar

D7   Fm6
Agora o que vou fazer?

           Fm6
G7 C   Ab   G13
Não tem solução
C7M   Bbm5-E7
Este novo amor
Am7   E7
Um amor a mais
Am7   Bm7 E7
Me tirou a paz
F7M   C7M
E eu que esperava
F7M F7 C7M
Nunca mais amar
Dm7   Am7
Não sei o que faça
   D9   Dm9 G13
Com este amor demais.

2ª vez, para terminar:

                  F
D9 G7   C A Fm6 C7M
Com este amor demais

O Samba da minha terra

Samba

Dorival Caymmi

TOM — SOL MAIOR
G   D7   G

Introdução: *Am   A4   Am G*
              D   D   D

I

Bis {
$\dfrac{G\#^{o}}{\text{O samba}}$ da minha $\dfrac{\text{terra}}{Am7}$
$\dfrac{\text{Deixa a gente}}{D7\ \ G}$ $\dfrac{\text{mole,}}{Em7}$
Bis {
Quando se $\dfrac{\text{canta}}{Am7}$
$\dfrac{\text{Todo mundo}}{D7\ \ \ G}$ bole
}
}

II

Bis {
$\overset{6}{G9}$ Eu nasci com o $\overset{Bm5-\ \ E7}{\text{samba,}}$
No samba me $\dfrac{\text{criei,}}{Am7\ \ \ \overset{Am}{G}}$
$\dfrac{\text{Do danado do}}{Am/D}$ $\dfrac{\text{samba}}{D7}$
Nunca me $\dfrac{\text{separei}}{G\ \ \ G9}$
}

III

Bis {
$\dfrac{Am}{D}$ Quem não gosta também $\overset{G\ \ \ Em7}{\text{bole,}}$
$\dfrac{Am}{D}$ Quem não sabe também $\overset{G\ \ \ Em7}{\text{bole,}}$
$\dfrac{Am}{D}$ Quem é velho também $\overset{G\ \ \ Em7}{\text{bole,}}$
$\dfrac{Am}{D}$ Quem é rico também $\overset{D9\ \ G}{\text{bole.}}$
}

IV

Bis {
$\overset{6}{G9}$ Quem não gosta do $\overset{Bm5-\ \ E7}{\text{samba}}$
Bom sujeito não $\overset{Am}{\underset{Am7\ \ G}{\text{é,}}}$
$\dfrac{Am}{D}$ É ruim de cabeça,
Ou doente do $\overset{G}{\text{pé.}}$
}

Atire a primeira pedra

(Perdão foi feito prá se pedir)

Samba

Ataulfo Alves e Mário Lago

TOM — SOL MAIOR
G   D7   G

Introdução: Am7 D7 Bm5- E7 Am7 D7 G G7M C/D

Bis {
   G   C/D   G9   C/D
Covarde sei que me podem chamar
   C6/9   E7   Am7 D7
Porque não calo no peito esta dor,
   Am7   Eb7   D7 Am7 D7
Atire   a primeira pedra, ai, ai, ai,
   Am7   C/D D7   G   C/D
Aquele que não sofreu por amor.
}

   Am7   D7
Eu s e i que vão censurar
              9
              G G7M
O meu proceder
   F#m5-
Eu sei,   mulher,
   B7   Em   Em9 C7
Que você mesma vai dizer 9
   Cm6   G6
Que eu voltei   pra me humilhar
               A7
Ai, mas não faz mal
A7   A7   C/D D7
Você pode até sorrir,
   Am7   D7   G
Perdão foi feito pra gente pedir.

A voz do violão

Samba-Canção

Letra de: Horácio Campos

Música de: Francisco Alves

Am7 Gm7 F7M
Am5-
D7
D9-
Gm
Am7
Gm7
Gm7
G#dim
Am7
D9-
Gm
C7
F
Gm
F
Em5-
A7
Dm7
Dm/C
G13
C/Bb
F 7M 9
F/Eb
Am5-
D7
G7
Gm7
C7
1.
Am7
Gm7
2.
F

TOM — FÁ MAIOR
F   C7   F

Introdução: G7   C7   F

I

      F   Gm9 C7   F
Não queiras, meu amor,   saber da magua
F7M
9   Am5-   D7D9-   Gm Am7
    Que sinto quando a relembrar-te estou.
Gm7 Gm7   G#dm   Am
  Atestam-te os meus olhos rasos d'água
D9-   G7   C7   F F7M Gm7
   A dor que a tua ausência me causou.
C7 F   Gm7 C7   D   Gm Am7 Gm7
   Saudades infinitas me devoram,
F7M   Am5-   D7 D9-   Gm Am
   Lembranças do teu vulto que... nem sei!
Gm7   Gm   G#dm   Am7
   Meus olhos incessantemente choram
D9- Gm   C7   F Gm F
   As horas de prazer que já gosei

ESTRIBILHO

                              Dm
  Em5-   A7   Dm7 C
Porém neste abandono interminável
             C   F7M F
 G13   Bb   9   Eb
No espinho de tão negra solidão
  Am5-   D7   G7
Eu tenho um companheiro inseparável
  Gm7   C7   Am Gm7
Na voz do meu plangente violão

II

     F   Gm9 C7   F
Deixaste-me sozinho e lá distante,
F7M
9   Am5-   D7 D9-   Gm Am7
  Alheia á imensidão   de minha dôr,
Gm7 Gm7   G#dm   Am
  Esqueces que ainda existe um peito amante
D9- G7   C7   F F7M Gm7
   Que chora o teu carinho sedutor
C7   F   Gm C7   F   Gm7 F7M
   No azul sem fim do espaço   iluminado,
  Am5-   D7D9-   Gm Am
  Ao léo   do vento frio se desfaz
Gm7   Gm7   G#dm   Am7
   A queixa deste amor desesperado
D9-   Gm7   C7   F Gm F
   Que o peito em mil pedaços me desfaz.

Lobo Bobo

Samba

Carlos Lyra
e
Ronaldo Boscoli

© Copyright 1974 by IRMÃOS VITALE S/A. Ind. e Com. - São Paulo - Rio de Janeiro - Brasil.
Todos os direitos autorais reservados para todos os países
All rights reserved — International Copyright Secured.

A♭13 Dm7 Em7 F7M G13 C7M Fm9 C
Gm7 C7 F7M Dm7 Gm7
C7 F B♭7 Am7 D7 G7M
Em7 Dm7 A5+ D7 G13 C7M
A7 Dm7 G7 Dm7 G7 Gm6/E

145

TOM — DÓ MAIOR
C G7 C

Introdução: C A7 Dm7 G7 Dm7 G7

    C   A7
Era uma vez um lobo mau
  Dm7   G7
Que resolveu jantar alguém
  Dm7   G7   Em7
Estava sem ninguém mas arriscou
 Am7 Dm7   G7
E logo se   estrepou
  C7M   A7
Um chapeuzinho de "maillot"
  Dm   G7
Ouviu buzina não parou
  Dm7   G7
Mas lobo mau insiste
Gm6
—
E   A7
E faz cara de triste
          D#dm
F7M   A
Mas chapeuzinho ouviu
  C7M
    G   Ab13
Os conselhos da Vovó
 Dm7   Em7   F7M
Dizer que não prá lobo
G13   C7M Fm9   C
Que com lobo não sai só.

Gm7   C7 F7M Dm7
L o b o canta

Gm7   C7   F   Bb7
P e d e, promete tudo, até amor
        Am7 D7   G7M Em7
E diz que f r a c o de lobo
  Dm7   A5+   D7
É ver uma chapeuzinho de "maillot"
G13 C7M   A7
Mas chapeuzinho percebeu
    Dm7   G7
Que o lobo mau se derreteu
    Dm7   G7
Prá ver você que lobo
        Gm6
        —
        E   A7
Também   faz papel de bobo
          D#dm
 Dm7   A
Só posso lhe dizer
  C7M   Ebm9
  —   —
   G   Gb
Chapeuzinho agora traz
  Dm9 Em7 F7M G13   C   Fm9   C
Um bobo na coleira que não janta nunca mais
        C7M
Lobo bobo

De papo pró á

Cateretê

Letra de
Olegário Mariano

Música de
Joubert de Carvalho.

TOM — FÁ MAIOR
F   C7   F

Introdução: $\frac{F}{C}$ $\frac{Bb}{C}$ $\frac{F}{Eb}$ $\frac{Bb}{D}$ C7

I

Bis {
C7
Não quero outra vida (F)
Pescando no rio (Dm7) de gereré (Gm7)
C7
Tenho peixe bom... ($\frac{D}{A}$ $\frac{Gm}{Bb}$)
Tem Siri-patola (C7)
De dá com o pé (F Am7 Gm7)
}

Estribilho

$\frac{F}{A}$
Quando no terreiro C7
Gm7
Faz noite de luá C7
E vem a saudade Gm
Me atormentá C7
C9
Eu me vingo dela Gm7
Gm7
Tocando viola C
C7
De papo pr'o á F $\frac{Bb}{C}$

II

C7
Se compro na feira F
Dm7
Feijão rapadura
Prá que trabaiá Gm7
C7 $\frac{D}{A}$
Eu gosto do rancho Gm7
O home não deve C7
Se amofiná F

Urubú Malandro

Choro

Lourival Carvalho (Louro)
e João de Barro

TOM — DÓ MAIOR
C   G7   C

Introdução: C Am7 Dm7 G7 C

I

    C
Urubú veio de cima
    A7   Dm7
Com fama de "dançador",
    G7   Dm7
Urubú chegou na sala
    G7   C
Tirou dama e não "dançou"

Estribilho:

         G7
Ora dança urubú,
    C
Eu não "senhor"
            G7
Tira a dama, urubú,
    C
Eu sou "doutor"

II

    C
Urubú chegou de fraque
    A7   Dm7
Cartola e calça listada
    G7   Dm7
Urubú deixa de prosa,
    G7   C
Vem cair na batucada

III

    C
Urubú perdeu a fama,
    A7   Dm7
E se desmoralizou
    G7   Dm7
Apanhou a melhor dama
    G7   C
Foi dançar, encabulou

Feitio de Oração

Samba-Canção

Letra de Noel Rosa

Música de Vadico

TOM — Mib MAIOR
Eb   Bb7   Eb

Introdução: Ab A° Eb Bdm C13 Cm7 F13 Bb13 Eb Cm7 Fm9 Bb9-
             Bb

    Eb   Eb7M   Dbdm Gdm Fm7
Quem acha vive se perdendo
  Ab
  Bb   Bb7   Bb13 Abm6 Bb13
Por isso agora eu vou me defendendo

   Eb   Adm   Gm5-
Da dor tão cruel desta saudade
     C5+   Abm6
Que, por infelicidade,
        Bb13 Eb C7 Fm9 Bb9-
Meu pobre peito invade.

      C7 Fm9
Por isso agora
    Bb13   Eb7M
Lá na Penha eu vou mandar
     Adm   Fm7
Minha morena p'ra cantar
Bb13   Eb7M
Com satisfação
 9-
Db7   Gm9
E com harmonia
    C5+   Fm Fm9
Esta triste melodia
Ab   Ab7m
Bb   Bb   Am7
Que é o meu samba
         Gm
  D7   Bm Gm9 Fm9 Bb9-
Em feitio de oração

   Eb   Eb7M   Dbdm Gdm Fm7
Batuque é um previlégio
  Ab
  Bb   Bb7   Bb13 Abm6 Bb13
Ninguém aprende samba no colégio
  Eb   Adm   Gm5-
Sambar é chorar de alegria
    C5-   Abm6
É sorrir de nostalgia
       Bb13   Eb
Dentro da melodia
  Eb   Eb7M Dbdm Gdm Fm7
O samba na realidade
  Ab
  Bb   Bb7   Bb13 Abm6 Bb13
Não vem do morro nem lá da cidade
  Eb   Adm   Gm5-
E quem suportar uma paixão
     C5+   Abm6
Sentirá que o samba, então
      Bb13 Eb
Nasce no coração

Linda Flor

Yayá

Samba-Canção

Letra de:
Cândido Costa, Luiz Peixoto e Marques Porto

Música de
H. Vogeller

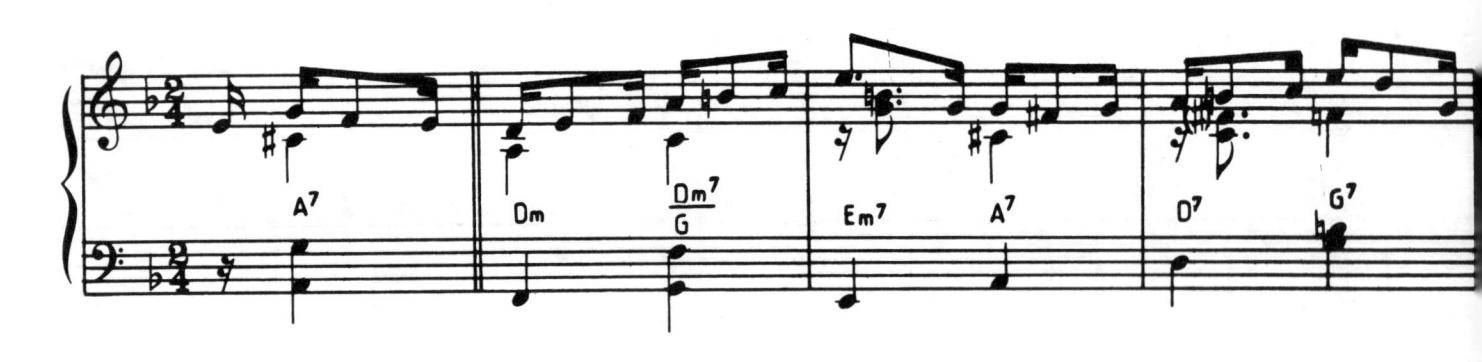

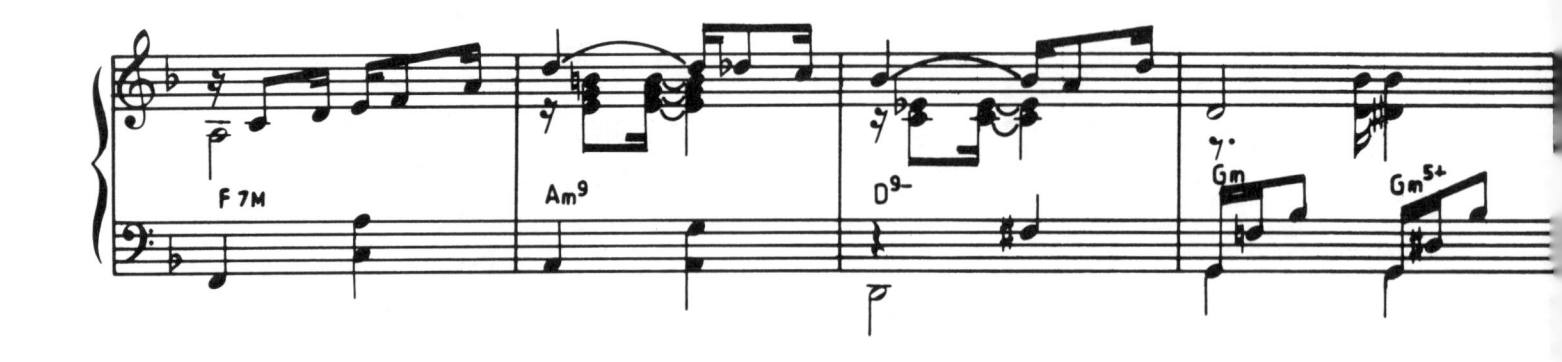

© Copyright by Ernesto Augusto Mattos - Rio de Janeiro - Brasil
© Copyright assigned 1939 to Irmãos Vitale S/A Ind. e Com.
International Copyright Secured - All rights reserved - Rio de Janeiro - Brasil

Gm7 Am7 Gm7 C7 F7M D7
Gm9 C13 F7M Em9 Dm9 C7 F A13
Dm7 F7M Am Am9 Cm7 D7 Gm
Cm7 F13 B♭7M B♭m7 B♭m6 F F7M
6
D9- Gm7 C7 B♭m7 Fim F C7M
F/G G7 C7M F7M Bm5- E9 A7 Dm/F F#0

TOM — FÁ MAIOR
F   C7   F

Introdução: A7 Dm Dm7 G Em7 A7 D7 G7 Gm7 G13

YAYÁ
Letra de LUIZ PEIXOTO E MARQUES PORTO

      F7M F7M5+
Ai, Yoyô

F7M F7M5- F7M F7M5+
  Eu nasci prá sofrê
F7M Am9
  Foi oiã pra você
  D9- Gm Gm5+ Gm7 Am5-
  Meus oinho fechou!
D7 Gm7 Gm5+ Gm6   Gm5+ Gm7 Am5-
  E,   quando os olho abri
Gm7 Am7
  Quiz gritá, quiz fugi
  Gm7
  Mais você
  C7 F7M
  Eu não sei porque
  D7 Gm9
  Você me chamou
C13 F7M Em9
  Ai, Yoyô
Dm9 C7 F A13 Dm7
  Tenha pena de mim
  F7M
  C Am7 Am9
  Meu sinhô do Bomfim
  Cm7 D7 Gm Cm7
  Pode inté se zangá
F13 Bb7M Bbm7 Bbm6 F F7M
  Se   ele um dia soubé
  D9- Gm7
  Que você é que é
  C7 Bbm7 F
  O Yoyô de Yayá

Bis {
  F G G7 C7M
  C7M
  Chorei toda a noite pensei
  F7M Bm5- E9 A7
  Nos beijo de amô que eu te dei
  Dm7 F#° C
  Yoyô, meu benzinho do meu coração
  C7M D7 G7 C7
  Me leva prá casa, me deixa mais não.
}

(2.ª vez, para terminar)

C7M D7 G7 C
Me leva prá casa, me deixa mais não.

LINDA FLOR
Letra de CÂNDIDO COSTA

  F7M 5+
Linda Flor F7M
F7M F7M5- F7M F7M
  Tu não sabes talvez 5+
F7M Am9
  Quanto é puro o amor
  D9- Gm Gm5+ Gm7 Am5-
  Que m'inspiras, não crês...
D7 Gm5+ Gm
  Nem
  Gm6 Gm5+ Gm7 Am5-
  Sobre mim teu olhar
  Am7
  Veio um dia pousar.
  Gm7 C7 F7M
  Inda aumentas a minha dor
  D7 Gm9
  Com cruel desdem!
C13 F7M Em9
  Teu amor
Dm7 C7 F A13 Dm7
  Tu, por fim, me derás
  F7M
  C Am7 Am9
  E o grande fervor
  Cm7 D7 Gm Cm7
  Com que te amo, verás
F13 Bb7M Bm7
  Sim...
  Bbm6 F F7M
  Teu escravo serei,
  D9 Gm7
  Aos teus pés cairei
  C7 Bbm7 F
  Ao te ver minha emfim!

  F G G7 C7M
Felizes, então, minha flor
F7M Bm5- E9 A7
Verás a extensão deste amor
  Dm7 F#° C
Ditoso os dois, e unidos emfim
C7M D7 G7 C7
Teremos, depois, só venturas se fim

(2.ª vez para terminar)

C7M D7 G7 C
Teremos, depois, só venturas sem fim

O Barquinho

Roberto Menescal
e Ronaldo Boscoli

Dm7
G 9- 5+
C7M
F#m7
B7
Bb7M
Em7
A13
Ab7M
Dm7
Dm9
G13
Em7
A5+
Dm7
G 13 9-
C7M
F#m7
B7
Bb7M
Em9
A13

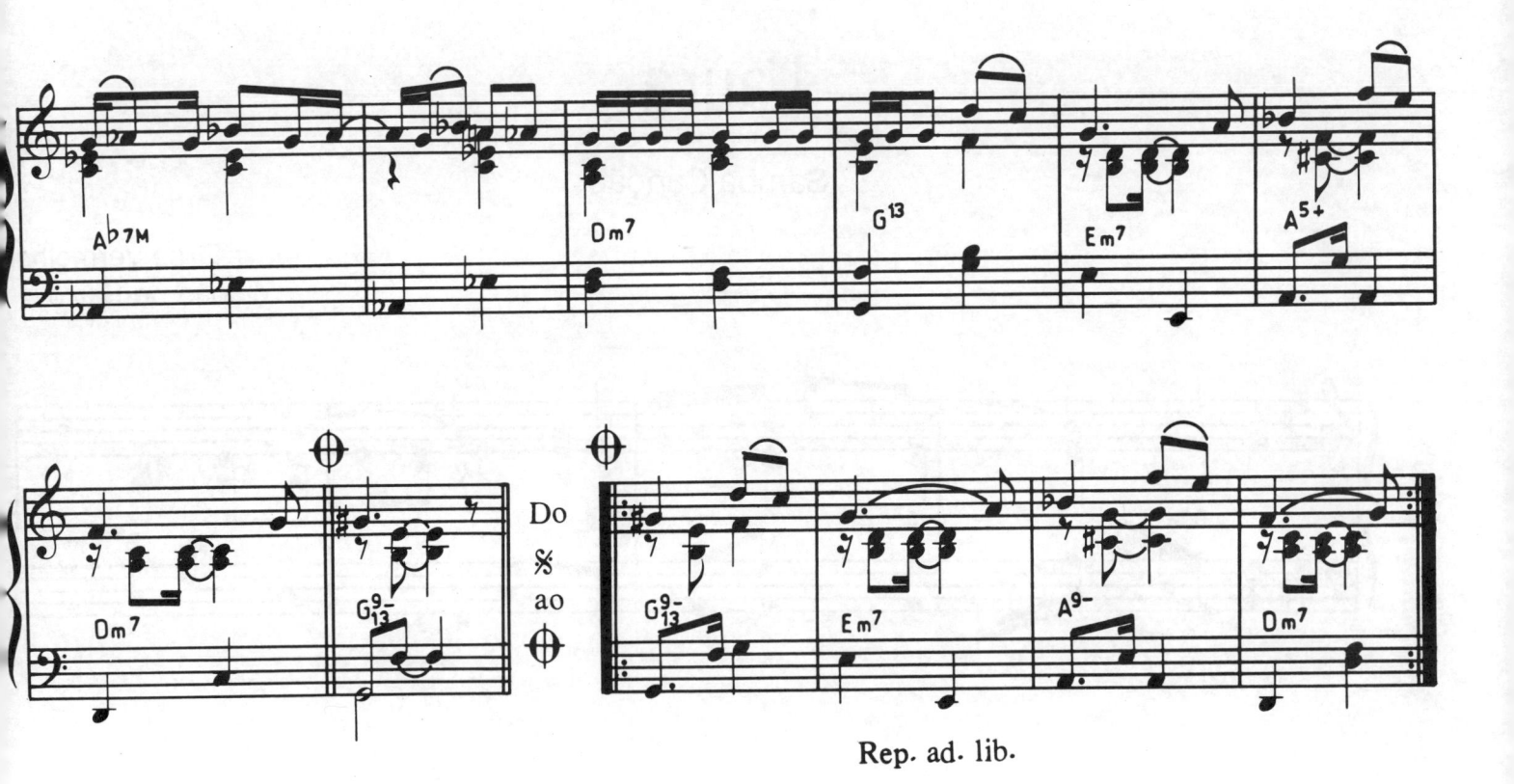

TOM — DÓ MAIOR
C   G7   C

Introdução: C7M   G9−5+   C9−   F7M   G9+   G9−5+

C7M
Dia de luz, festa de sol
         F#m7   B7
E um barquinho a deslizar, no macio azul do mar
Bb7M
Tudo é verão e o amor se faz
      Em7   Em9   A13
Num barquinho pelo mar, que desliza sem parar
Ab7M   Dm7   Dm9   G13
Sem intensão nossa canção, vai saindo desse mar e o sol
      Em7   A5+   Dm7   G5+
Beija o barco e luz, dias tão   azuis

C7M
Volta do mar, desmaia o sol
         F#m7   B7
E o barquinho a deslizar e a vontade de cantar
Bb7M
Céu   tão azul, ilhas do sul
       Em7   A13
E o barquinho e o coração, deslizando na canção
Ab7M
Tudo isso é paz, tudo isso traz
      Dm7   Dm9   G13
Uma calma de verão, e então
                          13
      Em7   A+   Dm7   G9−
O barquinho vai, a tardinha cai

Repetir o final ad-libitum

      Em7   A+   Dm7   G9−
O barquinho vai, a tardinha cai.

Laura

Samba-Canção

Alcyr Pires Vermelho
e João de Barro

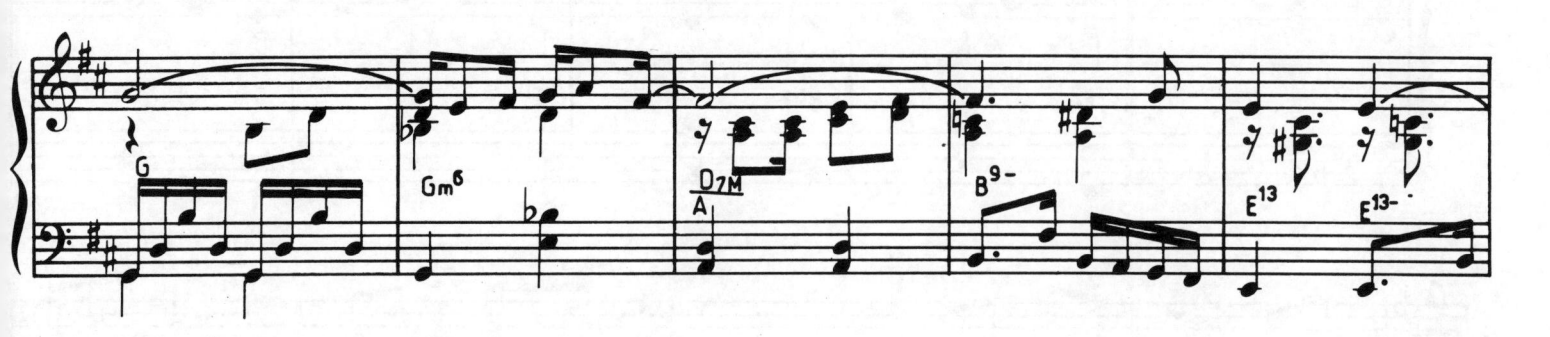

TOM — RÉ MAIOR
D   A7   D

Introdução: G7M   A7   F#m7   Bm7   B9-   E9   Em7   A7   D   Em   A7

```
         G                  13
D       Em      A    D7M  G7M  A7
O vale em flor... a ponte... o rio cantando
                                C
D    Bm7    Em7    A7   D7M   D
O sol banhando a estrada... frases de amor
       A
D7  G7M   G
Laura,
          F#m    Bm7
Um sorriso de criança;
     G
Em7  A
Laura,
         C
   A7    D   D7
Nos cabelos uma flor,
  G    Gm6
Ó Laura
        D7M
     A       B9-  B7
Como é linda a vida
  E13  E13-  Em7
Ó Laura
              6
   A7     D   D9  Em9  A13
Como é grande o amor!
```

```
                  G             G7M
D       Em      A      D7M    A
Depois o adeus... um lenço... a estrada... a d i s t â n c i a
                                C
D    Bm7    Em7    A7   D7M   D
O asfalto... a noite... o bar... as taças de dor
       A
D7  G7M   G
Laura,
          F#m    Bm7
Que é da rosa dos cabelos?
     G
Em7  A
Laura,
                  C
   A9       D   D7
Que é do vale sempre em flor?
  G    Gm6
Ô Laura,
          D7M  B9-  B7
Que é do teu sorriso
  E13  E13   Em7
Ô Laura,
                       6
       A7     Eb7M   D9 7M
Que é do nosso amor?
```

Jardineira

Marcha

Benedito Lacerda e Humberto Porto

TOM — Mib MAIOR
Eb   Bb7   Eb

Introdução: *Fm   Bb7   Eb   Cm7   Fm7   Bb7   Eb   Bb7*

              Eb
     Oh! jardineira
                  Fm
     Porque estás tão triste?
Fm7   *Bb7*   *Eb*
Mas o que foi que te aconteceu?

     ⎧ *Ab*
     ⎪ *Bb*   *Eb*
     ⎪ Foi a camélia
     ⎪   *Gm*
Bis ⎨ Que caiu do galho
     ⎪   *Ab*
     ⎪ Deu dois suspiros
     ⎪   *Eb*
     ⎩ E depois morreu...

Bb7   Eb   Fm   Gm   Eb7M
Vem jardineira
Ab   Bb7   Eb   Cm7
Vem meu amor...
            Fm7
Não fique triste
             Bb7
Que este mundo
          Gm7
"É todo teu"
    Cm   *Fm7*
Tu és muito mais bonita
          Bb7
Que a camélia
        Mib Bb13
Que morreu..
             Eb   Ab   Eb7M
Final: morreu

Não se esqueça de mim

Bolero

Roberto Carlos
e Erasmo Carlos

TOM — DÓ MAIOR
C   G7   C

Introdução: C Em7 Dm7 G7

    C   Em7   Am   Dm7 A7 Dm7
Onde você estiver não se esqueça de mim
G7   Dm   F6   Em7 Dm G7
Com quem você estiver não se esqueça de mim
C   C Ebº   Dm7 Em7 Dm7
          E
Eu quero apenas estar no seu pensamento
G7   Dm7 G7   Em7 Ebº7 Dm7
Por uma momento pensar   que você pensa em mim

G7 C   Em7   Am7   Dm7 G7 Em7 Dm9
Onde você estiver não se esqueça de mim
G13   Dm7   Gm7 C7
Mesmo que exista outro amor que te faça feliz
F   Fm Fm6 Em7
Se resta em sua lembrança   um pouco
Em9   A13
Do muito que eu te quis
Dm   G7   C Am7 Dm9 G13
Onde você estiver não se esqueça de mim

C   C Ebº   Dm7 Em7 Dm7
          E
Eu quero apenas estar no seu pensamento
G7   Dm7 G7   Em7 Eb7 Dm7
Por um momento pensar   que você pensa em mim

G7 C   Em7   Am7   Dm7 G7 Em7 Em9
Onde você estiver não se esqueça de mim
G7   Dm7   G7   Gm7 C7
Quando você se lembrar não se esqueça que eu
F   Fm Fm6 Em7 Em9 A13
Que eu não consigo apagar   você da minha vida
Dm   G7   C Fm C7M
Onde você estiver não se esqueça de mim.

Evocação

Frêvo

Nelson Ferreira

TOM — DÓ MENOR
Cm   G7   Cm

Introdução: G7 Cm C7 Fm Dm5- G7 Cm Cm7 G7 Cm

Bis
{
         Cm   Fm
Felinto... Pedro Salgado...
                   Dm5-
Guilherme... Fenelon...
        G7   Cm7
Cadê teus blocos famosos?
            Cm
"Bloco das Flores"... "Andaluzas",
  Dm5-   G7
"Pirilampos"... Apois Fun...
D7   G7
Dos carnavais saudosos?
}
G7

C
A alta madrugada
 F7   C
O côro entoava
 Em7   A9-   Dm G7
Do Bloco a Marcha-Regresso,
 Dm7   G7
Que era o sucesso,
 Dm7   G7
Dos tempos ideais,
 Dm   G7 B7 C
Do velho Raul Mora—is:
 E7   Am
Adeus, adeus, minha gente
 D7   G7
Que já cantamos bastante
 Fm   Dm5-
E Recife adormecia,
 Em   A7
Ficava a sonhar,
 D7   G7   Cm
Ao som da triste melodia...

Dó-Ré-Mi

Samba-Canção

Fernando Cesar

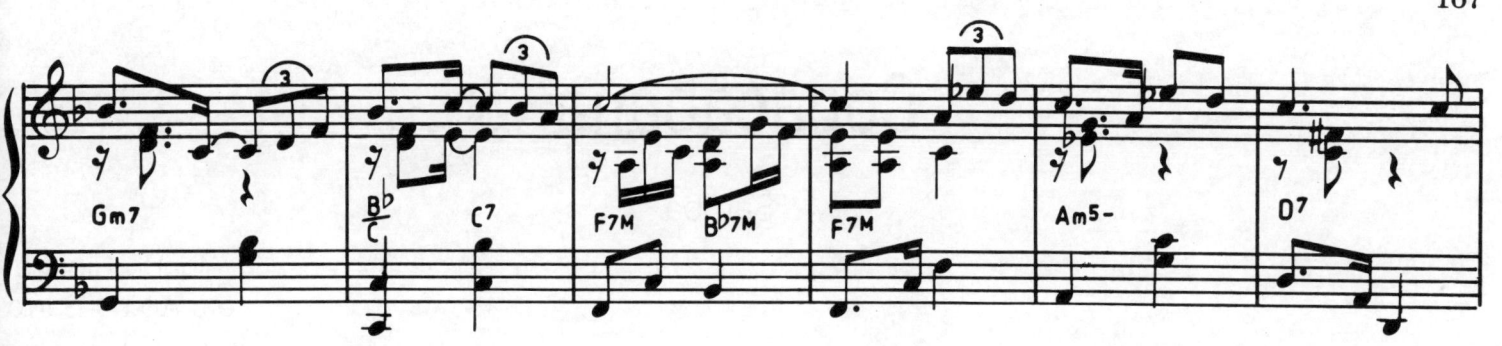

TOM — FÁ MAIOR
F   C7   F

Introdução: Am5- D7 Gm7 Bbm⁶ F7M G13 C^Bb F

Eu sou feliz ^Gm7
Tendo você ^Gm
^C9-   ^F7M Bb7M
Sempre a meu lado
Am7   ^Gm7
E sonho sempre
^C9
Com você
^F7M Bb7M
Mesmo acordado
F7M   Am5-
Saiba também
D7 D9-
Que só você
Gm   D9-   Gm7
Mora em meu coração
Dm4
E é de você
G7
E pra você
Gm7 Db9
Esta canção,

C7 ^Gm
É de você
^Bb
^C
Que vem a minha
C9- F7M Bb7M
Inspiração
Am7 Dm   Gm7
Você é corpo e alma
^Bb
C C7   F7M Bb7
Em forma de canção
F7M   Am5-   D7
Você é muito mais do que
Gm   Bbm7
Em sonho eu já vi
Eb7   F7M Dm7   Gm7
Você é Dó é Ré - Mi - Fá
C7   F⁶₉ Gb7M F
É   Sol - Lá — Si

Copacabana

Samba

Alberto Ribeiro
e João de Barro

© Copyright 2 de Fevereiro de 1943 - E. S. Mangione e Filhos - São Paulo - Brasil
Registrada na Escola Nacional de Música do Rio de Janeiro.

TOM — Sib MAIOR
Bb   F7   Bb

Introdução: Eb7M Em5- A7 Dm7 Gm7 Cm7 F13 Bb7M Cm7 F13

    Bb   Eb   Ab7M   Bb7M Cm9
Existem praias tão lindas, cheias de luz,
F13   Bb   Eb   Ab7M   Am7 D5+
Nenhuma tem o encanto que tu possues
Gm Cm   F7   Bb
Tuas areias, teu céu tão lindo,
Gm   C7   Cm7   F7
Tuas sereias sempre sorrindo

                                     D7
  Bb   Am5-   D7   A
Copacabana, princezinha do mar
D7 Gm   Eb9   D7   Am7
Pelas manhãs tu és a vida a cantar
D7 Eb7M   Em5- A7   Dm7
E a tardinha ao sol poente
           Gm   C7   Cm7 F7
Deixas sempre uma saudade na gente
                               D7
 Bb   Am5- D7   A
Copacabana o mar eterno cantor
D7 Gm   Eb9   D7   Am7
Ao te beijar ficou perdido de amor
D7 Eb7M   Em5- A7   Dm7
E hoje vive a murmurar
        Gm   C7 F9- Bb   Cm7 F13 Bb9M
Só a ti Copacabana eu hei de amar!

Como é grande o meu amor por você

Roberto Carlos

TOM — SOL MAIOR
G   D7   G

Introdução: Am   D7   G   C   G

        Am   D7
Eu tenho tanto pra lhe falar
       G   Em
Mas com palavras não sei dizer
      Am   D7   G   E9-
Como é grande o meu amor por você
        Am   D7
E não há nada pra comparar
     G   Em
Para poder lhe explicar
      Am   D7   G
Como é grande o meu amor por você
         Am   D7
Nem mesmo o céu nem as estrelas
        Bm   Em
Nem mesmo o mar e o infinito
     Am   D7   G   E9-
Não é maior que o meu amor nem mais bonito
E7 Am
Me desespero
  D7
A procurar
      Bm   Em
Alguma forma de lhe falar
     A7   Am   E9-
Como é grande o meu amor por você
E7   Am
Nunca se esqueça
  D7
Nem um segundo
       G   Em
Que eu tenho o amor maior do mundo
     Am   D7 G
Como é grande o meu amor por você
       Am   D7 Cm7 Ab G
Mas como é grande o meu amor por você

O Surdo

Samba

Totonho e
Paulinho Rezende

173

TOM — LÁ MENOR
Am E7 Am

Introdução: Dm7 Bm7 E7 Am

    Dm   E7   Am
Amigo, que ironia desta vida
     F7   F7M   Bm7
Você chora na avenida
  E7   Am
Pro meu povo se alegrar
  Dm7
Eu bato forte em você
      E7   Am
E aqui dentro do meu peito
  F7M
Uma dor me destrói
          Dm
     Dm7   C
Mas você me entende
Bm7   E7   Am7
E diz que pancada de amor não dói

     Am
Meu surdo
      Dm
Parece absurdo
         G7
Mas você me escuta
           Dm9
Bem mais que os amigos
   C7M Bm4
Lá do bar
E7   Am
Não deixa
            Dm
Que a dor mais lhe machuque
         G7
Pois pelo seu batuque
Eu dou fim do meu pranto
          C7M Bm7
E começo a cantar
E7   Am
Meu surdo
          Dm
Bato forte no seu corpo
  Dm7   G7
Só escuto este teu choro
  Dm7
Que os aplausos
G7   C7M
Vem pra consolar

  Dm   E7   Am
Amigo, que ironia desta vida, etc.

    Am   Dm
Meu surdo velho amigo e companheiro
  Dm
  C   G7
Da avenida e de terreiro
                        4
     Dm7   G7   Bm7
De rodas de samba e de solidão
E7   Am   Dm
Não deixe que eu vencido de cansaço
  Dm
  C   G7
Me descuide desse abraço
          Dm7   G7
E desfaça o compasso dum passo
Bm5- E7   Am
Do meu coração

  Dm
Amigo, etc.

O Progresso

Roberto Carlos
e Erasmo Carlos

Bb
C7
F
F7
Bb
C/Bb
Am
Dm
Gm
G7
C7
Cm7
F7
Bb
C/Bb
Am7
Dm
Gm
C7
F
C sus
C7
Ao 𝄋 e
Am
Dm
Gm7
C7
F
F7

TOM — Sib MAIOR
Bb   F7   Bb

Introdução: Eb7M Em5- A7 Dm7 Gm7 Cm7 F13 Bb7M Cm7 F13

    Bb   Eb   Ab7M   Bb7M Cm9
Existem praias tão lindas, cheias de luz,
F13   Bb   Eb   Ab7M   Am7 D5+
Nenhuma tem o encanto que tu possues
Gm Cm   F7   Bb
Tuas areias, teu céu tão lindo,
Gm   C7   Cm7   F7
Tuas sereias sempre sorrindo

                                         D7
    Bb   Am5-   D7   A
Copacabana, princezinha do mar
D7 Gm   Eb9   D7   Am7
Pelas manhãs tu és a vida a cantar
D7 Eb7M   Em5- A7   Dm7
E a tardinha ao sol poente
       Gm   C7   Cm7 F7
Deixas sempre uma saudade na gente
                                  D7
Bb   Am5-   D7   A
Copacabana o mar eterno cantor
D7 Gm   Eb9   D7   Am7
Ao te beijar ficou perdido de amor
D7 Eb7M   Em5- A7   Dm7
E hoje vive a murmurar
     Gm   C7 F9- Bb   Cm7 F13 Bb9M
Só a ti Copacabana eu hei de amar!

Como é grande o meu amor por você

Roberto Carlos

TOM — SOL MAIOR
G   D7   G

Introdução: Am   D7   G   C   G

     Am   D7
Eu tenho tanto pra lhe falar
   G   Em
Mas com palavras não sei dizer
    Am   D7   G   E9-
Como é grande o meu amor por você
   Am   D7
E não há nada pra comparar
   G   Em
Para poder lhe explicar
    Am   D7   G
Como é grande o meu amor por você
     Am   D7
Nem mesmo o céu nem as estrelas
    Bm   Em
Nem mesmo o mar e o infinito
  Am   D7   G   E9-
Não é maior que o meu amor nem mais bonito
E7   Am
Me desespero
  D7
A procurar
   Bm   Em
Alguma forma de lhe falar
  A7   Am   E9-
Como é grande o meu amor por você
E7   Am
Nunca se esqueça
  D7
Nem um segundo
     G   Em
Que eu tenho o amor maior do mundo
    Am   D7   G
Como é grande o meu amor por você
     Am   D7 Cm7 Ab G
Mas como é grande o meu amor por você

O Surdo

Samba

Totonho e
Paulinho Rezende

173

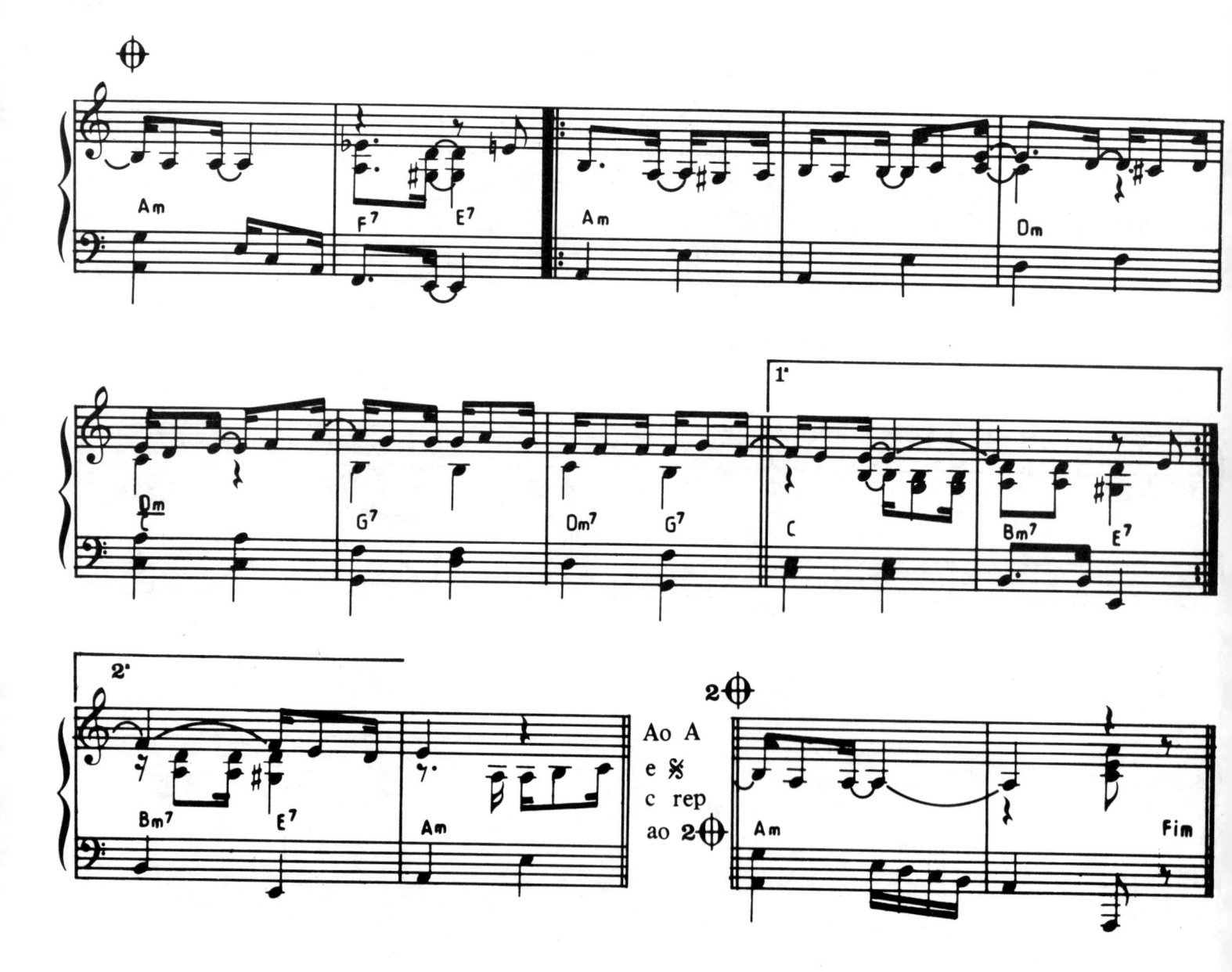

TOM — LÁ MENOR
Am   E7   Am

Introdução: Dm7　Bm7　E7　Am

    Dm   E7   Am
Amigo, que ironia desta vida
   F7   F7M   Bm7
Você chora na avenida
    E7   Am
Pro meu povo se alegrar
   Dm7
Eu bato forte em você
    E7   Am
E aqui dentro do meu peito
  F7M
Uma dor me destrói
          Dm
  Dm7   C
Mas você me entende
  Bm7   E7   Am7
E diz que pancada de amor não dói

    Am
Meu surdo
    Dm
Parece absurdo
    G7
Mas você me escuta
    Dm9
Bem mais que os amigos
  C7M Bm4
Lá do bar
E7   Am
Não deixa
        Dm
Que a dor mais lhe machuque
     G7
Pois pelo seu batuque
Eu dou fim do meu pranto
   C7M Bm7
E começo a cantar
E7 Am
Meu surdo
    Dm
Bato forte no seu corpo
  Dm7   G7
Só escuto este teu choro
  Dm7
Que os aplausos
G7   C7M
Vem pra consolar

  Dm   E7   Am
Amigo, que ironia desta vida, etc.

  Am   Dm
Meu surdo velho amigo e companheiro
  Dm
  C   G7
Da avenida e de terreiro
    Dm7 G7   Bm7
De rodas de samba e de solidão
E7 Am   Dm
Não deixe que eu vencido de cansaço
  Dm
  C   G7
Me descuide desse abraço
        Dm7   G7
E desfaça o compasso dum passo
Bm5- E7   Am
Do meu coração

  Dm
Amigo, etc.

O Progresso

Roberto Carlos
e Erasmo Carlos

Bb
C7
F
F7
Bb
C/Bb
Am
Dm
Gm
G7
C7
Cm7
F7
Bb
C/Bb
Am7
Dm
Gm
C7
F
C sus
C7
Ao
e
Am
Dm
Gm7
C7
F
F7

TOM — FÁ MAIOR
F   C7   F

Introdução: F Gm7 Am EB F C7
```
           G
       F        C7              F
Eu queria poder afagar uma fera terrível
F7     Bb            C7              F
Eu queria poder transformar tanta coisa impossível
F7     Bb         C
Eu queria dizer tanta coisa
              Bb
           Am            Dm
Que pudesse fazer eu ficar bem comigo
  Gm        G7
Eu queria poder abraçar
       C7
Meu maior inimigo
    F              C7
Eu queria não ver tantas nuvens
         F   C7   F
Escuras nos ares
F7    Bb           C7                F
Navegar sem achar tantas manchas de óleo nos mares
F7    Bb         C
E as baleias desaparecendo
              Bb
           Am            Dm
Por falta de escrúpulos comerciais
  Gm        G7          C7
Eu queria ser civilizado como os animais
```

```
              F              C7
        Eu queria não ver todo o verde
                      F
        Da terra morrendo
    F7       Bb
    E das águas dos rios
             C7       F
    Os peixes desaparecendo
    F7       Bb                      C
    Eu queria gritar que esse tal de ouro negro
           Am              Dm
    Não passa de negro veneno
           Gm              G7
    E sabemos que por tudo isso
                    C7
    Vivemos bem menos
              F              C7
    Eu não posso aceitar certas coisas
                      F
    Que eu não entendo
    F7       Bb                 C7               F   C7  F
    O comércio das armas de guerra da morte vivendo
    F7       Bb             C
    Eu queria falar de alegria
                      Bb
                Am
    Ao invés de tristeza
                Dm
    Mas não sou capaz
          Gm      C7         F
    Eu queria ser civilizado como os animais
    F7       Bb         C7
    Não sou contra o progresso
           Am              Dm
    Mas apelo pro bom senso
      Gm                C
    Um erro não conserta o outro
       C7        F    Cm7  F7
    Isso é  o que eu penso
```

(Repetir a vontade)

Argumento

Paulinho da Viola

Para acabar fica repetindo os oito compassos do início

TOM — DÓ MAIOR
C   G7   C

Introdução: F7M   Em7   A7   Dm7   G7   C   G13

       G13
Tá legal! (Breque)
       F
C   G   C
Tá legal, eu aceito o argumento
F7M   Em7   A7   Dm
Mas, não me altere o samba tanto assim
G7   Em7 A7
Olha que a rapaziada está sentindo falta
   Dm   G7   C
De um cavaco, de um pandeiro ou de um tamborim

Tá legal (breque)

     Dm7   G7   C
Sem preconceito ou mania de passado
     Gm7   C7 F C7 Gm/C
Sem querer ficar do lado de quem não quer navegar
F7M   B7   Em7
Faça como um velho marinheiro
  Am   Dm   G13   C
Que durante o nevoeiro leva o barco devagar

Arrasta a Sandália

Samba

Oswaldo Vasques
e Aurélio Gomes

TOM — SOL MAIOR
G   D7   G

Introdução: C7M   G   E7   Am7   D7   G   Em $\genfrac{}{}{0pt}{}{C}{D}$

$$\text{Bis} \begin{cases} \text{G} \quad\quad\quad\quad \text{E7} \\ \text{Arrasta a sandália aí} \\ \quad \text{Am7 D7} \\ \text{Morena} \\ \quad \text{Am7} \quad\quad\quad \text{D7} \\ \text{Arrasta a sandália aí} \\ \quad \text{G7M} \quad \text{G}_9^6 \\ \text{Morena} \end{cases}$$

I

D7   G   E7
 Vou te dar uma sandália
 Am Eb9
Bonita,
 Am   D7
De veludo enfeitada de
Bm7
Fita.
 Em9   D7
(Arrasta a sandália arrasta)

CÔRO

Arrasta a sandália, aí, etc.

II

 G   E7
Arrasta a sandália aí no
 Am Eb9
Terreiro,
 Am7   D7
Estraga que custou o meu
 Bm7
Dinheiro.
 Em9   D7
(Arrasta a sandália arrasta)

CÔRO

 G   E7
Arrasta a sandália aí, etc.

III

 G   E7
Arrasta a sandália minha
 Am Eb9
Morena,
 Am7   D7
Estraga mesmo e não tenha
Bm7
Pena.
 Em9   D7
(Arrasta a sandália arrasta)

CÔRO

 G   E7
Arrasta a sandália aí etc.

IV

 G   E7
Arrasta a sandália aí todo
 Am Eb9
Dia,
        Am7   D7
Que eu mando vir outra lá da
 Bm7
Bahia.
 Em9   D7
(Arrasta a sandália, arrasta)

CÔRO

 G   E7
Arrasta a sandália, aí, etc.

Desacato

Samba

Antonio Carlos e Jocafi

TOM — DÓ MAIOR
C   G7   C

Introdução: C⁶₉   G13   C⁶₉   G13   C⁶₉   G13   C⁶₉

      Dm
   G   C7M
Inofensivo aquele amor
        G7   Am7 A7
Que nem siquer se acomodou
  Dm7   Dm A7
Já morreu
Dm7
           Dm G7Dm7
Quem destratou a ilusão
        Dm7   G7 G13 Dm7
Que freqüentou meu coração
  G7 C7M   C F13
Não fui eu. C⁶₉

         F7   C7M
Não adianta me envolver
        G7   Am7 A7
Nas artimanhas que você
    Dm7 Dm A7
Preparou
Dm7   Dm   G7   Dm7
E vá tratando de esquecer
              Dm
      Dm7   C   G7 G13 Dm7
Leve os "brequetes" com você
G7 C7M C F13 C
Me zangou.

Refrão

          C
 G5+ E   F7M   Em7
Por isso agora deixa estar
A7   Dm7   G7 C7M F13
Deixa estar que eu vou entregar você

                                  9
                     Ab7M Fm9 C7M
(Para terminar) você

Três Apitos

Samba-Canção

Noel Rosa

TOM — RÉ MAIOR
D   A7   D

Introdução: D7M $\overset{G}{A}$ A7   D7M $\overset{G}{A}$

I

$\overset{D9M}{^{7}}$
Quando o apito
D7   G7M
Da fábrica de tecidos
Em5-   D
Vem ferir os meus ouvidos
B7   Em7   A75+ D7M
Eu me lembro de você
$\overset{G}{A}$ D
Mas você anda
D7   G
Sem dúvida bem zangada
C7   D
E está interessada
Bm7   Em7   A75+   D
Em fingir que não me vê

II

$\overset{G}{A}$ A7   F#m5-
Você que atende ao apito
B7   Em
De uma chaminé de barro
Em5-   Gm7 Gm6   D
Porque não atende ao grito
B7
Tão aflito
E7   A7   D
Da buzina do meu carro

I

$\overset{6}{D7M}$
Você no inverno
D7 $\overset{6}{G7M}$
Sem meias vai pro trabalho
Em5-   D
Não faz fé com agazalho
B7   Em7 A75+ D7M
Nem no frio você crê
$\overset{G}{A}$ D
Mas você é mesmo
D7   G
Artigo que não se imita
C7   D
Quando a fábrica apita
Bm7   Em7   A75+ D
Faz reclame de você

II

$\overset{G}{A}$ A7   F#m5-
Nos meus olhos você lê
B7   Em
Que eu sofro cruelmente
Em5-   Gm7   Gm6   D
Com ciumes do gerente impertinente
B7   E7   A7   D
Que dá ordens a você

I

$\overset{9}{D7M}$ D7 $\overset{6}{C7M}$
Sou do sereno poeta muito soturno
Em5-   D
Vou virar guarda-noturno
B7   Em7   A75+ D7M
E você sabe porque
$\overset{G}{A}$ D
Mas você não sabe
D7   G
Que enquanto você faz pano
C7   D
Faço junto do piano
Bm7   Em7   A75+ D
Estes versos prá você

Olha

Bolero Moderno

Roberto Carlos
e Erasmo Carlos

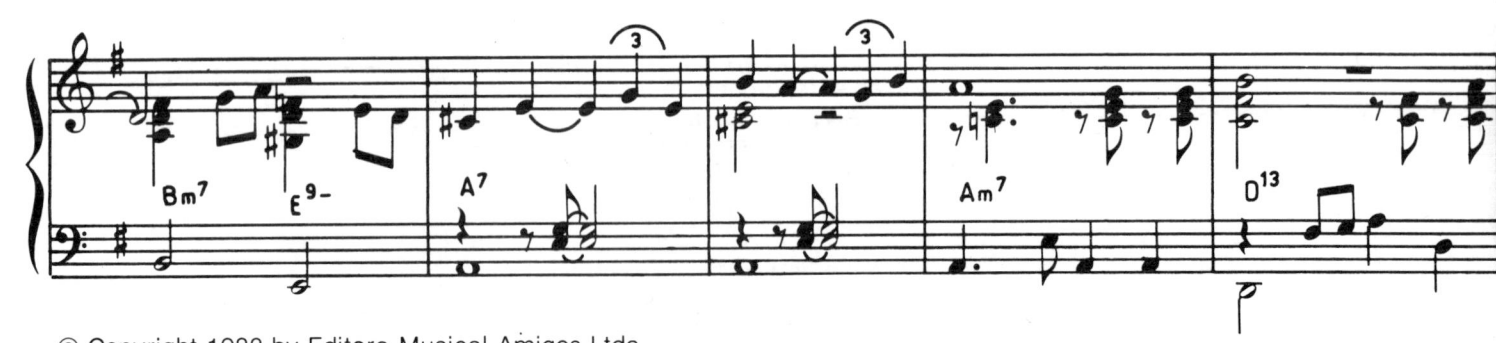

© Copyright 1983 by Editora Musical Amigos Ltda.
Ecra Realizações Artísticas Ltda.
Todos os direitos autorais reservados - All rights reserved.

G7M
C7M
F♯m7
B7
E.m
A7
Dm7
Dm9
G 9- 13
C7M
D/C
G/B
G
E9-
A7
Am7
Bm7
E7
Am7
F♯m5-
B7
Em
Bm7
E7
Am
D7
G7M
Em9
C♯m
F♯7
Bm7
Bm9
Em
A7

TOM — SOL MAIOR
G   D7   G

Introdução: A7 $\overset{C}{D}$ D7

$\overset{G7M}{\text{Olha,}}$ você tem todas as $\overset{F\#m7}{\text{coisas}}$
$\overset{B7}{\text{Que}}$ $\overset{Em}{\text{um dia eu}}$ $\overset{A7}{\text{sonhei pra mim,}}$ $\overset{Dm7}{\quad}$ $\overset{Dm9}{\quad}$ $\overset{G^{9-}_{13}}{\quad}$
$\overset{C7M}{\text{A cabeça}}$ $\overset{D}{\text{cheia de}}$ $\overset{C}{\text{problemas,}}$ $\overset{G}{\quad}$ $\overset{Bm7}{\quad}$ $\overset{E9-}{\quad}$
Não me $\overset{A7}{\text{importo eu gosto mesmo}}$ $\overset{Am7}{\text{assim.}}$ $\overset{D13}{\quad}$
$\overset{G7M}{\text{Tem os}}$ olhos $\overset{C7M}{\text{cheios}}$ de $\overset{F\#m7}{\text{esperança}}$ $\overset{B7}{\quad}$ $\overset{B9-}{\quad}$
$\overset{Em}{\text{De uma cor}}$ que $\overset{A7}{\text{mais ninguém possui}}$ $\overset{Dm7}{\quad}$ $\overset{Dm9}{\quad}$ $\overset{G13}{\quad}$
$\overset{C7M}{\text{Me traz}}$ meu $\overset{D}{\text{passado e as}}$ $\overset{G}{\text{lembranças}}$ $\overset{G}{\quad}$ $\overset{E9-}{\quad}$
$\overset{A7}{\text{Coisas que eu quis ser e não}}$ $\overset{Am7}{\text{fui}}$ $\overset{Bm7}{\quad}$ $\overset{E7}{\quad}$

$\overset{Am7\ F\#m5-}{\text{Olha,}}$ $\overset{B7}{\text{você vive, tão}}$ $\overset{Em}{\text{distante}}$ $\overset{Bm7}{\quad}$ $\overset{E7}{\quad}$
$\overset{Am7}{\text{Muito}}$ $\overset{D7}{\text{além do que eu posso}}$ $\overset{G7M}{\text{ter}}$ $\overset{Em9}{\quad}$ $\overset{Em7}{\quad}$
$\overset{C\#m}{\text{Eu que sempre}}$ $\overset{F\#7}{\text{fui tão}}$ $\overset{Bm7}{\text{inconstante}}$ $\overset{Bm9}{\quad}$
$\overset{Em7}{\text{Te juro meu}}$ $\overset{A7}{\text{amor}}$
$\overset{Am7}{\text{Agora é}}$ $\overset{D7}{\text{prá}}$ $\overset{D5+}{\text{valer}}$
$\overset{G}{\text{Olha, vem comigo aonde eu}}$ $\overset{F\#m7}{\text{for}}$ $\overset{B7}{\quad}$
$\overset{Em}{\text{Seja minha}}$ $\overset{A7}{\text{amante e meu}}$ $\overset{Dm}{\text{amor}}$ $\overset{G13}{\quad}$
$\overset{C7M}{\text{Vem seguir}}$ $\overset{D}{\text{comigo o}}$ $\overset{G}{\text{meu caminho}}$ $\overset{B}{\quad}$ $\overset{E7}{\quad}$ $\overset{E9-}{\quad}$
$\overset{A7}{\text{E viver a vida só de}}$ $\overset{Am7}{\text{amor.}}$ $\overset{D7}{\quad}$ $\overset{Am9}{\quad}$ $\overset{D9-}{\quad}$ $\overset{G7M}{\quad}$

Nunca mais

Samba-Canção

Dorival Caymmi

Gm
C7
Gm7
C7
Gm7
C13
C5+
C9-
C9-
F
F/E
Am5-/Eb
D7
Gm
C7
Gm7
C7
C9
F
Bb7M
Am7
Gm7
F7M
Am7
Gm7
D7
Gm
Bb/C
C7
F7M
Bb7M
F7M
Cm6/Eb
D7
Gm/Bb
Gm
C7
Db7
C9

TOM — FÁ MAIOR
F   C7   F

Introdução: F7M   C7   F   A7   Dm7   Bb7M   Bb7M   D7   Gm7   C7   F7M

F7M   C7   Am5- D7
   Eu queria escrever
Gm7   Gm   C7
   Mas depois desisti
Gm7   C7 C13   F7M   Bb7M   Bm7   F9-
   Preferi te falar,   assim, a sós
Am7   Am5- D7
   Terminar nosso amor
Gm7   Em5- A7
   Para nós é melhor
          Dm
Dm   C   Gm7   C7
   Para mim é melhor

G7   Gm   C7 Gm7   C13   Gm7   C5+   C9-
   Convém a nós,   convém a nós

          F   Am5-
      F   E   Eb
   Nunca mais vou querer teu amor
D7   Gm
   Nunca mais
     C7   Gm7   C7
   Nunca mais vou querer os teus beijos
C9   F Bb7 Am7
   Nunca mais.
Gm9   F7M   Am7   Gm7 D7 Gm7
   Uma vez me pediste sorrindo, eu voltei
     Bb
   C   C7   F7M   Bb7M   F7M
   Outra vez me pediste chorando, eu voltei
   Cm6
   Eb   D7
   Mas agora eu não quero e nem posso,
   Gm
   Bb Gm
   Nunca mais,
   C7   Db7   C9   F
   O que tu me fizeste, amor,, foi demais.

Para terminar: O que tu me fizeste, amor, foi demais.
          C7   Db7   C9   F   Bbm6   F9

Tereza da Praia

Samba

Antônio Carlos Jobim
e Billy Blanco

TOM — DÓ MAIOR
G   G7   C

Introdução: Dm7 G7 Em7 Am7 Dm7 G7 Em5- A7 A5+

Dm7
O Lúcio!
F/G   G7   C7M
Arranjei novo amor no Leblon
A9-   Dm   G9-   Bb/C
Que corpo bonito, que pele morena
    C7   Bb7   A7   Ab7 G13
Que amor de pequena, amar é tão bom!

   9-
A5+   Dm7
O Dick!
F/G   G7   C7M
Ela tem um nariz levantado,
  A7   DM7   G7   Bb/C
Os olhos verdinhos bastante, puxados
 C7   Bm5-   Am7   Gm7
Cabelo castanho e uma pinta do lado.

    Cm   Ab
C   Fm   Bb   Eb7M
É a minha Tereza da praia.
        Dm7 G7   C7M
Se ela é tua é minha também

   Bb   Ab
C   Fm   Bb   Eb7M
O verão passou todo comigo
                          F
Ab7M   Dm7   Dm9   G
O inverno pergunta com quem
                  F
A7   Dm7   G   G7   Bb7
Então vamos a Tereza na praia deixar,
                        Bb
   A7   Dm7   G7   C
Aos beijos do sol e abraços do mar
              F
   C7   C   G13   Bb7
Tereza é da praia, não é de ninguém,
              F
   A7   G
Não pode ser tua...
   G7   C7M
Nem minha também.

Transversal do Tempo

João Bosco
e Oldir Blanc

© Copyright 1975 by Editora Musical RCA Jaguaré Ltda. - Rua D. Veridiana, 203 - S. Paulo - Brasil.
All rights reserved - Todos os direitos reservados - International Copyrigth Secured.
Direitos de execução Pública controlados pelo ECAD (SICAM)

TOM — LÁ MENOR
Am   E7   Am

Introdução: Bm7   E7   Am9

                    Am9
As coisas que eu sei de mim
F7M   Em7
São pivetes da cidade
  Gm7   Em5-
Pedem, insistem e eu
A7   Bb7M   Dm7
Me sinto pouco a vontade
               G7
Fechado dentro de um táxi
                C7M
Numa transversal do tempo
 Am   B7   F#º
Acho que o amor é a ausência
   E7
De engarrafamento

  Bm5-   Am9
As coisas eu sei de mim
Em5-   Gm7
Tentam vencer a distância
   C7   F7M
E é como se aguardassem
 Am7 Am5-   D7   Em5- A7
Feridas numa ambulância
Dm7   G7
As pobres coisas que eu sei
                C7M
Podem morrer, mas espero

B7
Como se houvesse um sinal

                     4   4
  B7   Am7 ESUSP   ESUSP
Sem mais do amarelo   9

Sonoroso

Choro

Sebastião Barros (K-Ximbinho)

197

Casa de Bamba

Samba

Martinho da Vila

TOM — Sib MAIOR
Bb   F7   Bb

Introdução: *G7   Cm   F13   Bb   E7*

Bis {
    Bb
    Na minha casa todo mundo é bamba
    Bb   G7   Cm7
    F79   Bb
    Todo mundo bebe, todo mundo samba
}

Bis {
    Bb   G7   Cm
    Na minha casa não tem bola pra vizinha
    F7   Bb
    Não se fala do alheio, nem se liga pra candinha
}

Bis {
    Bb   G7   Cm7
    Na minha casa todo mundo é bamba
    F79   Bb
    Todo mundo bebe, todo mundo samba
}

Bis {
    Bb   G7   Cm7
    Na minha casa ninguém liga prá intriga
    F13   Bb
    Todo mundo chinga, todo mundo briga
}

Bb   Cm
Macumba lá na minha casa
F7   Bb
Tem galinha preta e azeite de dendê

Bis {
    Bb   G7   Cm
    Mas ladainha lá na minha casa
    F7
    Tem reza bonitinha
    Bb
    E cangiquinha prá comer
}

G   Cm
Se tem alguém aflito
Cm7   F7   Bb
Todo mundo chora, todo mundo sofre
Bb   G7   Cm7
Mas logo se reza pra São Benedito
F7   Bb
Pra Nossa Senhora e prá Santo Onofre
Bb   Cm7
Mas se tem alguém cantando
F7   Bb
Todo mundo canta, todo mundo dança
G7   Cm
Todo mundo samba e ninguém se cansa
Cm   F7   Bb
Pois minha casa é casa de bamba
Cm   F7   Bb
Pois minha casa é casa de samba

Naquela Mesa

Samba-Choro

Sérgio Bittencourt

201

TOM — Mi MENOR
Em   B7   Em

Introdução: *F#m5- B7 Em C7 F#7 B7 E7 Am B7 Em7 C7 F13 B7 Em*

     Em   *F#m5-Em*
  Naquela mesa ele sentava sempre
    Am6 Em
  E me dizia sempre
     Bm7 *Am7*
  O que é viver melhor
     F#m5-   *Am7*
  Naquela mesa ele contava história
      Am6   *B7* *Em*
  Que hoje na memória eu guardo e sei de cór
B7 *Em* *F#m5- Em*
  Naquela mesa ele juntava a gente
     Bm7
  E contava contente
   E7 *Am*
  O que fez de manhã
     F#m5-
  E nos seus olhos
  B7 *Em*
  Era tanto brilho

   Em
     D *C7*
  Que mais que seu filho
  B7 *Em*
  Eu fiquei seu fã
    Em
    G
  Eu não sabia, eu não sabia
   F#m5- Em
  Que doía tanto
    Am *Em*
  Uma mesa num canto
     Bm7 *Am*
  Uma casa e um jardim
Am
 G *F#m5-*
  Se eu soubesse
     Am
  O quanto dói a vida
    Am
    G *F#m5-*
  Essa dor tão doída
     Em
  B7 *G*
  Não doía assim
B7 *Em*
  Agora resta uma mesa na sala
      Bm7
  E hoje ninguém mais fala
   E7 *Am*
  No seu bandolim
Am7 *F#m5-*   *Em*
  Naquela mesa tá faltando ele
   C7 *F#m5-*
  E a saudade dele
   B7 *Em*
  Tá doendo em mim.

Beijinho Doce

Valsa

Letra e Música
de Nhô Pai

C7M F7M C7M F7 Em7 Dm7 C7M
C/E G7 Dm7 G7 F7M Dm7
G7 C Am7 F7M C7M C13 F7M Bb/C
F7M G7 G/F C Dm7 C7M A7
Dm7 D7 G7 C7M F7 C7M

TOM — DÓ MAIOR
C   G7   C

Introdução: C7M Dm7 Em7 Dm7 C7M G7

       G13   C7M
Que beijinho doce
C7   F7M
Que ela tem...
            G7
Depois que beijei ela
   F
G   G7   C7M F7M
Nunca mais beijei ninguém...

Estribilho:

  C7M   F7   Em7
Que beijinho doce
     Dm7   C7M
Foi ela quem trouxe
      C
   E   G7 Dm
De longe pra mim
 G7   F7M
Se me abraça apertado,
    Dm7   G7
Suspira dobrado,
          C Am7 F7
Que amor sem fim.

                  Bb
C7M   C13   F7M B F7M
Coração que manda,
          G
G7   F   C   Dm7
Quando a gente ama
C7M   A7   Dm7
Se estou junto dela
   D7   G7
Sem dar um beijinho
          C7M   F7
Coração reclama...

Estribilho:

C7M   F7   Em7
Que beijinho doce etc.

De tanto amor

Roberto Carlos
e Erasmo Carlos

TOM — MI MAIOR
E   B7   E

Introdução: E   F#m7   G#m7   G#   B   B7
          E   A

E   G#m7
Ah! eu vim aqui amor
  G#m5-
Só pra me despedir
 C#7 C#9-
E as últimas palavras
   F#m7
Desse nosso amor
     B7
Você vai ter que ouvir
E   E7M
Me perdi de tanto amor
 E7
Ah! eu enlouqueci
 C#7 C#9-
Ninguém podia amar assim
 F#m7
E eu amei
  B7
E devo confessar
E   G#m
Aí foi que eu errei C#m7   B   Bbm4

  Eb7 Abm7
Vou te olhar mais uma vez
Db/Eb Eb7 Abm7
Na hora de dizer adeus
C#7   F#m7
Vou chorar mais uma vez
G#m4 C#7
Quando olhar
  F#m7
Nos olhos teus
 B7 F#m7   C7
Nos olhos teus
C7   F F7M
Ah! saudade vai chegar
   Am5-
E por favor meu bem
 D9
Me deixe pelo menos
 Gm
Só te ver passar
 C7
Eu nada vou dizer
   F F7M   Bbm   Gm7   F
Perdoa se eu chorar

Manhã de Carnaval

(Canção de Orfeu)

Samba-Canção

Luiz Bonfá
e Antônio Maria

TOM — LÁ MENOR
Am   E7   Am

Introdução: *Am7   Am7M   Am7   Am⁶   F7M   Em7   D9   D9⁷*

            F7M
  Am   *A*   *Am9 F7M E/F*
Manhã, tão bonita manhã,
    Am   *Dm9   C7M   Em5-*
Na vida uma nova canção
  A7   *Dm7   Ab11*
Em cada flôr, o amor
G4   G9   *C7M   Am7*
Em cada amor, o bem
F7M   *Bm5-   F7*
O bem do amor faz bem
   E   *Am7*
E7 /D   /C   Am Esus⁴
Ao coração...

            F/A
E7   *Am7*   *Am7*
Então vamos juntos cantar
Am9   *Em5-*   *A9 A9-   Dm9*
O azul da manhã que nasceu
Dm9/F *Dm   E7*
        O dia já vem...
G#dm   *Am*   *F13*
E o seu lindo olhar
               E7
    Am   Esusp⁴ D   Am
Também   amanheceu...
Am7   *Am*   *Am7M*
Canta o meu coração.
    Am7   *Am6*
A alegria voltou
    F7M   *Em7*
Tão feliz a manhã
      F7M   E9 **(Para voltar)**
Dêsse amor...

           F/Eb *D Asusp⁴ A*
(Para acabar)

Menino do Rio

Caetano Veloso

211

TOM — RÉ MAIOR
D   A7   D

Introdução: F#m7   B7 $\overset{G}{A}$

$\overset{G}{\overset{A}{}}$ Menino do $\overset{D}{\text{Rio}}$
$\overset{Ab°}{}$ Calor que $\overset{F°}{\text{provoca arrepio}}$ $\overset{Em}{}$
$\overset{Em}{}$ Dragão $\overset{A7}{\text{tatuado no braço}}$
$\overset{Em}{}$ Calção corpo $\overset{A7}{\text{aberto no espaço}}$
$\overset{D7M}{\text{Cora}}\overset{D7}{\text{ção}}$ de $\overset{G}{\text{eterno flerte}}$
$\overset{Gm6}{\text{Adoro ver-te}}$
$\overset{F}{\text{Menino vadio}}$
$\overset{Ab°}{}$ Tensão $\overset{F°}{\text{flutuante do Rio}}$

$\overset{Em}{}$ Eu canto pra $\overset{A7}{\text{Deus}}$ $\overset{D}{\text{proteger}}\overset{D7M}{\text{-te}}$ $\overset{G}{\overset{A}{}}$
$\overset{F\#m7}{}$ O Hawai $\overset{B7\,E7}{\text{seja}}$ $\overset{A}{\text{aqui}}$ $\overset{G}{}$
$\overset{D}{}$ Tudo $\overset{A7}{\text{o que}}$ $\overset{D}{\text{sonhares}}$ $\overset{F\#m5-}{}$
$\overset{D7}{}$ Todos $\overset{Em7}{\text{os lugares}}$
$\overset{F°}{}$ As $\overset{D°}{\text{ondas dos}}$ $\overset{F\#m}{\text{mares}}$
Pois quando eu te $\overset{Gm}{\text{vejo}}$
Eu desejo o $\overset{Gm}{\text{teu}}$ $\overset{C7}{\text{desejo}}$
$\overset{D}{}$ Menino do $\overset{Bm}{\text{Rio}}$ $\overset{Bm7}{}$
$\overset{Ab°}{}$ Calor que $\overset{F°}{\text{provoca arrepio}}$
$\overset{Am7}{}$ Toma esta $\overset{A7}{\text{canção}}$ como um $\overset{D}{\text{beijo}}$ $\overset{D^6_9}{} D$

Se é tarde me perdoa

Samba

Carlos Lyra
e Ronaldo Boscoli

TOM — FÁ MAIOR
F   C7   F

Introdução: C9- F7M Dm7 C13

        F7M   Bb7   F7M
    Se é tarde   me perdoa
Bb7M   F   Cm7
Mas eu não sabia que você sabia
        F13   Bb7M Gm7
Que a vida é tão boa
      Em5-
       7 A7   Dm7
    Se é tarde me perdoa
Dm7   Dm7
    Eu cheguei mentindo
          G7
    Eu cheguei partindo
         Bb7 C7
    Eu cheguei à toa
        F7M Bb7   F7M
    Se é tarde   me perdoa
Bb7M   Am7
    Trago desencantos
         Cm
    De amores tantos
      F13   Bb7M
    Pela madrugada
      Bbm7   Am7 Ab°
    Se é tarde me perdoa

    Gm7   C13   F7M   Bbm7 F7M
    Vinha, só, cansado...

Para viver um grande amor

Samba

Toquinho e
Vinicius de Moraes

215

TOM — DÓ MAIOR
C   G7   C

Introdução: D7   G7   Dm7   G13

Cantado

G13 C F7M   Em9
　Eu   não ando só
Am7   D9 G13   C Dm7 G13
　Só ando em b o —a companhia
C   F7M   Em9
　Com   meu violão
Am7   D9 G13   C
　Minha canção   e a poesia

Falado

Para viver um grande amor, preciso
E muita concentração e muito siso;
Muita seriedade e pouco riso
Para viver um grande amor.
Para viver um grande amor, mister
E ser um homem de uma só mulher,
Pois ser de muitas — poxa! —é prá quem quer —
Não tem nenhum valor.
Para viver um grande amor, primeiro
É preciso sagrar-se cavalheiro
E ser de sua dama por inteiro —
Seja lá como for.
Há que fazer do corpo uma morada
Onde clausure-se a mulher amada
E portar-se de fora com uma espada —
Para viver um grande amor.

Cantado

A7 D G7M   F#m9
　Eu   não ando só
Bm7   E7 A13   D Em9 A7
　Só ando em b o —a companhia
D   G7M   F#m9
　Com   meu violão
Bm7   E7 A13   D
　Minha canção   e a poesia

Falado

Para viver um grande amor direito,
Não basta apenas ser um bom sujeito,
É preciso também ter muito peito —
Peito de remador.
É sempre necessário ter em vista
Um crédito de rosas no florista;
Muito mais, muito mais que na modista!
Para viver um grande amor.
Conta ponto saber fazer coisinhas:
Ovos mexidos, camarões, sopinhas,
Môlhos, filés com fritas — comidinhas
Para depois do amor.
E o que há de melhor que ir prá cozinha
E preparar com amor uma galinha
Com uma rica e gostosa farofinha
Para o seu grande amor?

Cantado

Bb7 Eb Ab7M   Gm9
　Eu   não ando só
Cm7   F9 Bb13   Eb Fm9 Bb7
　Só ando em b o —a companhia
Eb   Ab7   Gm9
　Com   meu violão
Cm7   F13 Bb13   Eb
　Minha canção   e a poesia

Falado

Para viver um grande amor, é muito,
Muito importante viver sempre junto
E até ser, se possível um só defunto —
Prá não morrer de dor.
É preciso um cuidado permanente
Não só com o corpo, mas também com a mente,
Pois qualquer "baixo" seu, a amada sente
E esfria um pouco amor.
Há que ser bem cortês sem cortesia;
Doce e conciliador sem covardia;
Saber ganhar dinheiro com poesia
Não ser um ganhador.
Mas tudo isso não adianta nada,
Se nesta selva escura e desvairada,
Não se souber achar a grande amada —
Para viver um grande amor!

Cantado

C9 F Bb7M   Am9
　Eu   não ando só
Dm7   G7C13   F Gm9 C7
　Só ando em bo—a companhia
F   Bb7M   Am9
　Com   meu violão
Dm7   G13 C13   F
　Minha canção   e a poesia

Minha Namorada

Samba-Canção

Carlos Lyra e
Vinicius de Moraes

G13
Gm
F7M
Gm7
G#0
Am7
D7
Gm7
Bb7
Em5-
A5+
Dm
Bbm6
F
Dm
Bb7M
Bbm
Am7
F9
Bb7M
C/Bb
F7M
F7
Bb7M
C/Bb
C7
F5+ 7M
Cm7
F7

TOM — FÁ MAIOR
F   C7   F

Introdução: Bbm7 Am7 Ab7 Gm7 C7

                    Am7
Meu poeta hoje estou contente
   D7   Gm   D7
Todo mundo de repente   ficou lindo
        Gm
Gm   Bb   C7   A7
Ficou lindo de morrer
    Dm   C7
Eu hoje estou me rindo
     Dm7   Am7
Nem eu mesma sei de que
    Dm   D9- Gm   C7
Porque eu recebi uma cartinhazinha
   F   C13
       9-
De você
     F7M   Gm   Am7
Se você   quer ser minha namorada
  Bbm7   Gm7
Ai que linda namorada
   D7   G13
Você poderia ser
     Gm   F7M
Se quiser ser   somente minha
  Gm7   G#°   Am7
Exatamente essa coisinha
   D7   Gm7
Essa coisa toda minha
  Bb7   Em5- A5+
Que ninguém mais pode ter
   Dm   Bbm6   F
Você tem que me fazer   um juramento
   Dm   Bb7M
De só ter um pensamento
   Bbm6   Am7
Ser só minha até morrer
                 C
F9   Bb7M   Bb   F7M
E também não perder esse jeitinho
  F7   Bb7M
De falar devagarinho
      C
  Bb   C7   F5-7M
Essas histórias de amor

                   C
Cm F7M   Bb7M   Bb   A13
E   de repente me fazer muito carinho
   Dm   Bm7
E chorar bem de mansinho
   Bbm7   Am Ab7
Se ninguém saber porque
       F7M   Gm7   Am7
C13
E se mais do que minha namorada
   Bbm7   Gm7
Você quer ser minha amada
   D7   G13
Minha amada mas amada prá valer
  Gm   F7M   Gm7
Aquela amada pelo amor predestinada
   D7   Gm7
Sem a qual a vida é nada
   Bb7M   Em5- A5+
Sem a qual se quer morrer
   Dm   Bbm6
Você tem que vir comigo
        F
Em meu caminho
  Dm   Bb7M
E talvez o meu caminho
  Bbm6   Am7
Seja triste prá você
                C
F9   Bb7M   Bb   F7M
Os seus olhos tem que ser só dos meus olhos
  F7   Bb7M
E seus braços meu ninho
    C
Bb C7 F7M Cm7
No silêncio de depois
               C
F7   Bb7   Bb   A13
E você tem que ser a estrela derradeira
   Dm7   Bm5-
Minha amiga e companheira
  Bbm6   Cm7
No infinito de nós dois
Bb7M Am7 Gm7 F7M

Mimi

Valsa-Canção

Uriel Lourival

© Copyright 1933 by Irmãos Vitale S.A. Ind. e Com. São Paulo - Rio de Janeiro - Brasil
Todos os direitos autorais reservados - All rights reserved.

C7M
C7
F6
Am5-
D#o
Em7
Am7
Dm7
G7
C
Am7
D7
G
C7M
F#m5-
B7
Em7
E7
Am
A#o
Bm7
G
Em7
A7
Am7
D7
Am7
D7
G
C7M
F#m5-
B7
Em7
G7
C
F7

222

TOM — DÓ MAIOR
C   G7   C

Introdução: C Am7 Em7 Dm9 G7

1.ª parte

C
Dentro d'alma dolorida,
         C7M F7M
Eu tenho um riso teu..
         Dm
Em7 Eb7   Dm7   C
Meu amor
Bm7   E7   Am
teu sorriso é um lindo albor...
D7
 A   D7   Dm G7
Uma existência... um céu!
C
Tens na boca, embelecida,
      F7M
Pérolas de luz...
  C7M   C7   F6
— Rubra ilusão do astral!
    Am5- D#°   Em7
— Perolário a iluminar
Am7   Dm7   G7   C
Uma eclipse do sol com o luar!

2.ª parte

  Am7 D7   G   C7M
Num   portento da alegria,
F#m5- B7   Em7 E7
Deus teve uma idéia um di—a:
Am A#°   Bm7
E... pediu com santa pena,
 G   Em7
Que eu te trocasse, amor,
A7   Am7   D7
Por Santa Madalena... oh, não!
 Am7 D7   G   C7M
Ah!   eu respondi chorando:
  F#m5- B7   Em7 G7
— Deus! senhor! Estou pecando!
C   F7 G   E7
Mas, doce Pai! Não trocarei!
   A7   D7
Sem Mimi... sem Mimi,
   G
Morrerei!...

3.ª parte

Cm   Ab7   G7
Deus!   Perdão Senhor meu Deus! Senhor!
Ab7M Fm7   Dm5-   G7
Deus!   Perdão para a ilusão do amor!
Gm5- C9-   Fm
Deus!   Perdão eu não sabia,
G7   Cm
Que a luz que em mim vivia
Ab7   G7
Era do céu, Senhor!
Cm   Ab13   G7
Deus!   Perdão para este amor!Nem sei!
Ab7M Fm   Dm5-   G7
Deus!   Perdão para a ilusão que amei!
Gm5- C9-   Fm
Deus!   levai a Vossa essência!
Fm6   Cm7
Tirai-me a existência...
     D7 G 7Cm
E então feliz serei!...

1.ª parte

C
Ah! não fosse esse teu riso
       C7M   F7M
Eu morreria então!
        Dm
Em7 Eb7 Dm7   C
Quanta   dor!
Bbm7   E7   Am
Ris, eu goso, eu sinto, amor,
D7
 A   D7   Dm G7
Edenisada unção!
C
Estás de mim fugindo agora,
       C7M   F7M
Mas que importa a dor,
C7M   C7   F6
Se em mim deixaste a luz?
   Am5- D#° Em7
— Breviário inspirador
Am7   Dm7   G7   C
Dos poemas da biblia do amor.

Nervos de Aço

Samba

Lupicínio Rodrigues

TOM — Sib MAIOR
Bb   F7   Bb

Introdução: Cm7 C#dm Bb G7 Cm7 F7 Bb6 Cm7

      Bb7M   Gm7   Cm7
Você sabe o que é ter um amor,
  F7
Meu senhor?...
    Cm7   F5+ Dm7
Ter loucura por uma mulher

Cm7
 7   Gm
     Gm7 F   Cm7
E depois encontrar este amor.
  F7
Meu senhor?...
          F
   F7   Eb Dm7
Ao lado de um tipo qualquer
Cm7   Bb7M   Gm7   Cm7
Você sabe o que é ter um amor,
  F7
Meu senhor?
      D7
  Am4 A   Gm7
E por ele quase morrer
Fm7 Cm7 C#o   Bb
E depois encontrar em um braço
    G7 Cm7
Que nem um pedaço
           Bb6 Cm7
  F7   9   7 Bb D7
Do meu pode ser

     Gm   F#dm
Há pessoas com nervos de aço
     F°
Sem sangue nas veias
   G7   Cm
E sem coração
Cm7   Am5-   F#dm   Gm7
Mas não sei se passando o que passo
  Gm
  F   Em5- A7   D7 D9
Talvez não lhe venha qualquer reação
  Gm   F#dm
Eu não sei se o que trago no peito
         G13 G7   Cm
É ciúme, despeito, amizade ou horror
   Am5- D7   Gm
Eu só sinto que quando a vejo
  Gm6   A7   D7   Cm9 Gm7M11
Me dá um desejo de morte ou de dor

Faltando um pedaço

Djavan

TOM — DÓ MAIOR
C G7 C

Introdução: C7M Dm7 C7M Dm (**Duas vêzes como estribilho**)

I

C   Dm7
   O amor é um grande laço
              C
              E
Um passo pr'uma armadilha
              Dm7
Um lobo correndo em círculo
              Em7
Pra alimentar a matilha
Am   F   Dm7
Comparo sua chegada
              C
              E
Com a fuga de uma ilha
              Dm7
Tanto engorda quanto mata
F   Dm
G   C   Dm C7M C
Feito desgosto de filha, de filha

Estribilho C7M Dm7 C7m Dm (**Duas vezes boca fechada**)

II

C   Dm7
   O amor é como um raio
              C
              E
Galopando em desafio
              Dm7
Abre fendas, cobre vales
              Em7
Revolta as águas dos rios
Am   F   Dm7
Quem tentar seguir seu rastro
              C
              E
Se perderá no caminho
              Dm7
Na pureza de um limão
F   Dm
G   C   C   C
Ou na solidão do espinho

Estribilho: C7M Dm7 C7M Dm (**Duas vêzes boca fechada**)

III

C   Dm7
   O amor e a agonia
              C
              E
Cerraram fogo no espaço
              Dm7
Brigando horas a fio
              Em7
O cio vence o cansaço
Am   F   Dm7
E o coração de quem ama
              C
              .E
Fica faltando um pedaço
              Dm7
Que nem a lua minguando
F
G   C
Que nem o meu nos seus braços

Estribilho: C7M Dm7 C7M Dm (**Duas vezes boca fechada**)

Última Inspiração

Samba-Canção

Peterpan

TOM — DÓ MENOR
Cm   G7   Cm

Introdução: *Fm7   F#°   C/G   Ab   Dm5-   G7   Cm*

     Dm5-   *G7*   *Cm*
 Eu sempre fui feliz, vivendo só, sem ter amor
              Fm
C7   *Gm7*   *C9-*   *A*
Mas o destino quis roubar-me a paz de sonhador
Fm   *G7*   *Cm*
 E pôs num sonho meu o olhar de ternura
      Dm5-   *Ab7M   G7*
 De alguém que mesmo em sonho roubou minha ventura
Cm   *Dm5-*   *G7*   *Cm*
 Sonhei com esse alguém noites e noites... sem cessar
             Fm
C7   *Gm7*   *C9-*   *Ab*
 Por fim alucinado fui pelo mundo a procurar
Fm   *G7*   *Cm*
 Aquele olhar tristonho da cor do luar
    Dm5-   G7   *Cm   Dm5-*
 Mas tudo foi um sonho pois não pude encontrar.

G7   *Cm*   *G7*   *Cm*
Mas na espinhosa estrada desta vida sem querer... um dia,
              Fm
Gm5-   *C7*   *Fm* *Ab*
Encontrei com esse alguém que tanto eu queri—a
Fm   *D7* *G7*   *Cm*
E esse alguém que mesmo em sonho eu amei com tanto ardor
         Fm
D7   *Ab   G7*   *Cm*
Não compreendeu a minha dor! foi inspirado, então
          G7 *Cm   Gm5-* *C7*
Na ingratidão de quem amava tanto que fiz esta triste valsa
     Fm   Ab   Eb   *Dm5-*
Triste como o pranto que me mata de aflição
Cm7 *Ab7* *Dm5-* *G7* *Cm*
Bem sei que esta valsa será a minha última inspiração

O que eu gosto de você

Samba

Silvio César

TOM — FÁ MAIOR
F   C7   F

Introdução: Gm7 C7 Gm7 C7 C F

      Am7
O que eu gosto de você
 D7⁵⁺ *Gm7* *C7*
É esse seu geitinho de falar
 Gm7 *C7*
Esse geitinho de sorrir
 Gm7 *C7* *F* *FM7*
É sorriso lindo como que
       Am7
O que eu não gosto de você
 D9- *Gm7* *C7*
É esse olhar indiferente
 Gm7   *C7*
Que machuca tanto a gente
   Gm7 Csusp⁴ F
Quando a gente fala de você

Do 𝄋 ao 𝄌

      Eb7
 Bbm7 *Bb*
Eu não sei bem porque
 Ab7M Ab⁶
Fui gostar mesmo assim
 Bbm7 *Db9*
Sem saber se você
 C7
Vai gostar de mim
C   *Am7*
Mas o que sinto por você
 D5+
 7 *Gm7* *C7*
Já é definitivo, não tem geito
   Gm7 *C7*
Já não vivo satisfeito
  Bb
 Gm7 / C *Am5-* *D7⁹*
Esperando sempre por você
Gm7 *C7*
Adoro esse seu geito
 Gm7 *C7*
De pensar e dizer
 G#m7 *C#7*
Será que não há geito
  G#m7 *C#7*
De você compreender
 Gm7 *C7*
Que no meu dicionário
Gm7 *C7*
Só existe uma palavra
F
Você

Conversa de Botequim

Samba-Canção

Vadico e Noel Rosa

© Copyright 1935 by E. S. Mangione - São Paulo - Rio de Janeiro - Brasil.
© Copyright 1952 by Editorial Mangione S.A., sucessora de E. S. Mangione - São Paulo - Rio de Janeiro - Brasil.
© Copyright 1968 by Mangione & Filhos, sucessores de Editorial Mangione S.A. - São Paulo, Rio de Janeiro - Brasil.
Todos os Direitos Autorais Reservados para todos os países - All Rights Reserved.

TOM — RÉ MAIOR
D   A7   D

Introdução: G   G7M   F#7   Bm   A   E7
                                  Bm

I

           Em7   A7   D
Seu garçon faça o favor de me trazer depressa
B7   Em7   A7   Am7 D7
Uma boa média que não seja requentada
D7   G7M   F#7   Bm7
Um pão bem quente com manteiga à bessa
         D
   E7   E   E7   A7
Um guardanapo e um copo d'água bem gelada
    Em7   A7   D
Feche a porta da direita com muito cuidado
B7   Em7   A7   Am   D7
Que não estou disposto a ficar exposto ao sol
    G7M   Gm6   D
Vá perguntar ao seu freguês do lado
B7   E7   A7 D
Qual foi o resultado do futebol

II

        C
G   D   G   G13
Se você ficar limpando a mesa
    C   C7   B7
Não me levanto nem pago a despesa
E7   Am7
Vá pedir ao seu patrão
  Em7   A7   D7
Uma caneta, um tinteiro, um envelope e um cartão,
       C
G   D   G   G13
Não se esqueça, de me dar palito
C   C   B7
E um cigarro p'ra espantar mosquito
E7   Am7
Vá dizer ao charuteiro
   Em9   Am7
Que me empreste umas revistas
D7   D7   G
Um cinzeiro e um isqueiro

III

G   C   G   G13
Telefone ao menos uma vez
     C   B7
Para 3 4.4 3 3 3
E7   Am7
E ordene ao seu Osório
Em7   A7
Que mande um guarda-chuva
   D7
Aqui pro nosso escritório
G   C   G   G13
Seu garçon me empreste algum dinheiro
   C   C7   B7
Que eu deixei o meu com o bicheiro
E7   Am7
Vá dizer ao seu gerente
   Em7   Am7
Que pendure esta despesa
  D7   G
No cabide ali em frente

Levante os Olhos

Samba-Canção

Silvio Cesar

TOM — LÁ MENOR
Am E7 Am

Introdução: Am7 Am9 Dm7 G7 C7M F7M B E7 Am Esusp 4

Bis {
                Am7
       Levante os olhos
            Am/G   Dm7
Am7 Olhe de frente prá ela
Dm7/G
                      C7M
       Olhe bem dentro dos olhos
                        Bb Esusp4
F7M E veja tudo o que dizem
}

Dm7   G4
A verdade às vêzes dói
G13   Em9
Mas é porque você c o n s t r ó i
   A9-   Dm7   Bb Am7
Um mundo só de sonhos e de medo
Dm7   G4
Meu irmão se você quer
G13   Em9
Ganhar o amor de uma mulher
   A9-   Dm7   Bm5- E7
Procure nos seus olhos o s e g r e d o

Bis {
            Am9
      Levante os olhos
         Am/G   Dm7
Am7 Olhe de frente prá ela
         G13   C7M
G7 Olhe nos olhos da vida
     E7   Am7 Dm7 E7
F E veja apenas o que dizem
}

2ª vez para terminar:

                                       4
     Am   F7M Bm5- E7 Esusp Am
o que dizem

O sol nascerá

Samba

Cartola e
Elton Medeiros

TOM — DÓ MAIOR
C   C7   C

Introdução: Cm   Fm   Dm5-   G5+   Dm5-   G7

Bis
{
C C7 F7M
A sorrir
                  C
Am7   D D7 Dm G7
Eu pretendo levar   a   vida
C   C7   F7M
Pois chorando
                              F
F#m5-   F7M G7   C G
Eu vi a   mocidade perdida
}

(Para terminar) G7 perdida C

Cm
Fim da tempestade
AbM
O sol nascerá
Fm7
Fim desta saudade
Dm7   G7
Hei de ter   outro alguém para amar.

Como dizia o poeta

Samba

Toquinho e
Vinicius de Moraes

© Copyright 1975 By Tonga Editora Musical Ltda.
Todos os direitos autorais reservados - All rights reserved.

239

240

TOM — DÓ MENOR
Cm   G7   Cm

Introdução: Fm6 G7 Cm Dm5- G7

     Cm
  Quem já passou
      C7   Fm
  Por esta vida e não viveu
   Bb7   Eb
  Pode ser mais, mas sabe menos do que eu
 G7   Cm
  Porque a vida só se dá
     F7
  Prá quem se deu
F13   G7
  Prá quem amou, prá quem chorou
     Cm7 C7
  Prá quem sofreu, ai

   ⎧ Fm   Fm6
   ⎪ Quem nunca curtiu uma paixão
Bis ⎨ Dm5- G7 C4 C7
   ⎩ Nunca vai ter nada, não

    Fm   C7
  Não há mal pior
      Fm7
  Do que a descrença
   F7   Bbm7
  Mesmo o amor que não compensa,
    G7   C4
  É melhor que a solidão
C7   Fm   Fm7 F7 Bbm7
Abre os teus braços, meu irmão, deixa cair
     Eb7   Ab7M
  Prá que somar se a gente pode dividir?
C7   Fm   Fm7 Bbm7
Eu francamente já não quero nem saber
     C7   Fm
De quem não vai porque tem medo de sofrer
   ⎧ Bbm Bbm7 Bbm6
   ⎪ Ai, de quem não rasga o coração
Bis ⎨ Bbm7 C7 Cm4 F7
   ⎩ Esse não vai ter perdão

(Voltar ao princípio e para terminar)

   ⎧ Bbm Bbm7 Bbm6
   ⎪ Ai, de quem não rasga o coração
   ⎪   C7 Cm7 F7
Bis ⎨ Esse não vai ter perdão
   ⎪ Bbm Bbm7 Bbm6
   ⎪ Quem nunca curtiu uma paixão
   ⎩   C7 Cm4 F7
    Nunca vai ter nada não.
      (Repetir morrendo)

Além do Horizonte

Roberto Carlos
e Erasmo Carlos

Cm7 F7
Cm7 F7
Cm7 F7
Cm7 F7
Cm F7
Cm F7
Cm F7
Cm7 F7
B♭7M B♭6
B♭7M B♭6
B♭7M B♭6
1.
B♭7M B♭6
2.
B♭7M B♭6 Bm7
Cm7 F7
Cm F7 Bm7
Cm7 F7
Cm7 F7 Bm7
Cm7 F
Cm F7
B♭
B♭6 B♭7M
1.
B♭6 Bm7
2
B♭
E♭/F
F7
E♭/F
F7

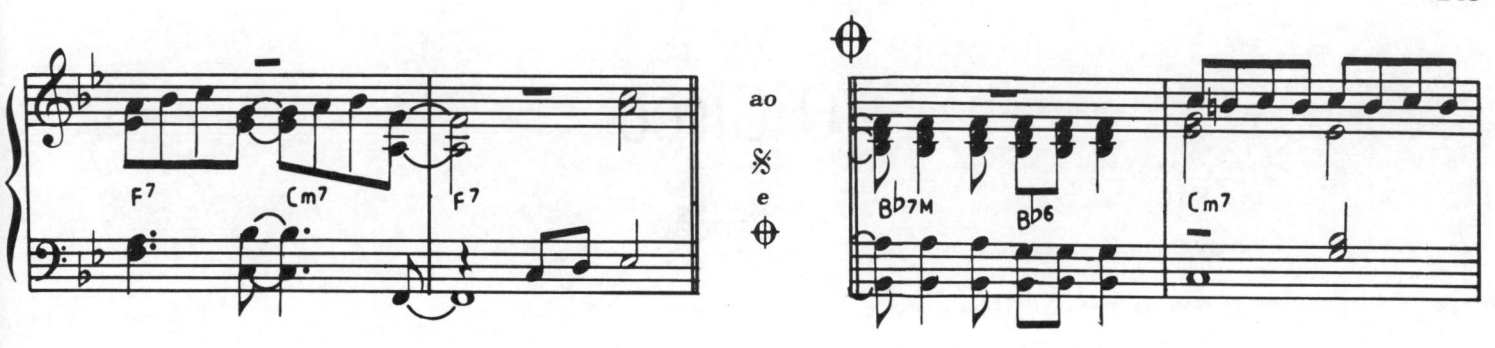

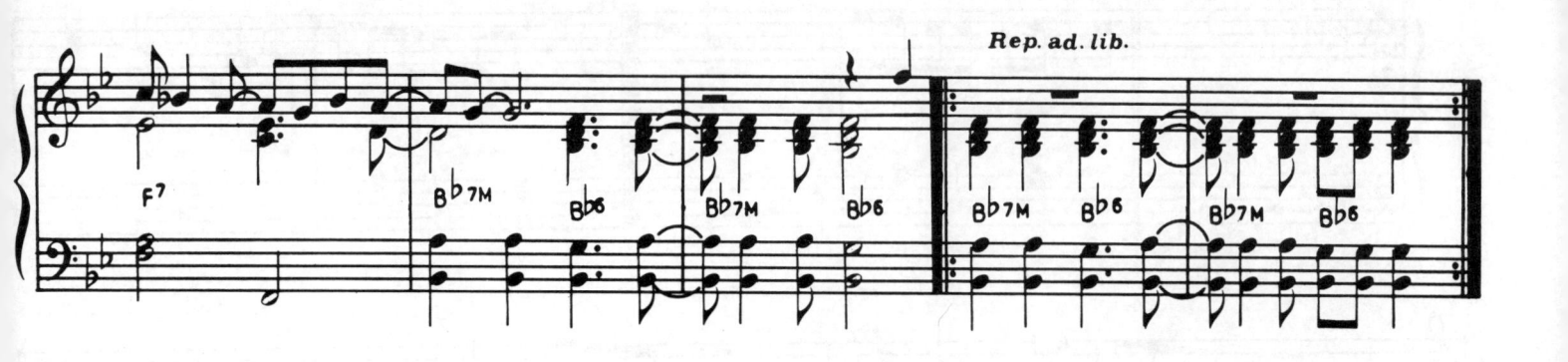

TOM — Sib MAIOR
Bb   F7   Bb

Introdução: Bb7M   Bb6   Bb7M   Bb6

    Bb   Bb7M   Bb
Além do horizonte deve ter
    Bb   Eb Bb Gm   Cm
Algum lugar bonito prá viver em paz
Orq. F Cm F Cm7 F7 Cm7 F7
    Cm   F
Onde eu possa encontrar a natureza
    Cm   F7   Cm   F7   Bb7M
Alegria e felicidade, com certeza

Orq. Bb6 Bb7M Bb6 Bb7M Bb6 Bb7M Bb6

  Bb7M   Bb6   Bb7M   Bb6
Lá nesse lugar   o amanhecer   é lindo
    Bb7M   Bb6   Bb7M
Com flores festejando mais um dia
Orq. Bb6 Cm7 F7 Cm7 F7 Cm7 F7 Cm7 F7
  Bb6   Cm7
Que vem vindo
  Cm   F7   Cm   F7
Onde a gente pode se deitar no campo
  Cm   F
Se amar na relva
      Cm7   F7 Bb7M
Escutando o canto dos pássaros

Orq. Bb6 Bb7M Bb6 Bb7M Bb6 Bb7M Bb6

 Bb7M   Bb6   Bb7M   Bb6
Aproveitar a tarde sem pensar   na vida
  Bb7M   Bb6
Andar   despreocupado
    Bb7M   Bb6   Cm7
Sem saber   a hora de voltar
Orq. F7 Cm7 F7 Cm7 F7 Cm7 F7
  Cm   F7   Cm   F7
Bronzear o corpo todo sem censura
  Cm7   F   Cm7 F7   Bb6
Gozar a liberdade de uma vida sem frescura

Orq. Bb7M Bb6 Bb7M Bb6 Bb7M Bb6 Bbm7

Cm7   F7   Cm   F7   Bm7
Se você não vem comigo
Cm7   F7   F7   Bm7
Tudo isso vai ficar
Cm7   F7   Cm   Bb   Bb7M Bb
No horizonte esperando por nós dois
Cm7   F7   Cm   F7   Bm7
Se você não vem comigo
Cm7   F7   Cm7 F7   Bbm7
Nada disso tem valor
Cm7   F7   Cm7 F7   Bb
De que vale um pa—raiso sem amor
 EB
 F   F7
Além do horizonte existe um lugar
   F
  Eb   F7   Bb
Bonito e tranquilo prá gente se amar

Bb7M Bb6 Bb7M Bb6

O Circo

Canção

Sidney Miller

Tempo de Samba-canção

Tempo I

TOM — FÁ MAIOR
F   C7   F

Introdução: C7 F

        C7   F
Vai, vai vai começar a brincadeira
     D7   G
Tem charanga tocando a noite inteira
      E7   Am
Vem, vem, vem, ver o circo de verdade
     GM   C7   F
Tem, tem, tem picadeiro e qualidade

    Gm7   F7M
Corre, corre minha gente
                 C7
Que é preciso ser esperto

Quem quiser que vai na frente

                F
Vê melhor quem vê de perto
   F7M   D7
Mas no meio da folia
          Gm
É noite alta, céu aberto
             A7
Sopra o vento que protesta
   Dm
Cai o teto rompe a lona
            Gm
Prá que a Lua de carona
     C7   F
Também possa ver a festa

   C7
Vai, vai, vai, etc

       F7M
Bem me lembro o trapezista
  Dm7   C7
Que mortal era seu salto
                  F
Balançando lá no alto parecia um brinquedo
 F7M   D7   Gm
Mas fazia tanto medo que o Zezinho do trombone
    A7   Dm
De renome consagrado esquecia o próprio nome
         Gm
E abraçava o microfone
 C7   F
Prá tocar o seu dobrado.
   C7
Vai, vai, vai, etc.

     F7M   Dm7   C7
Faço versos pró palhaço que na vida já foi de tudo
                         F
Foi soldado, carpinteiro, seresteiro, vagabundo
  F7M   D7   Gm
Sem juiz e seu juízo fez feliz a todo mundo
               A7   Dm
Mas no fundo não sabia que em seu rosto coloria
              Gm   C7   F
Todo encanto do sorriso que seu povo não sorria.

Vai, vai, vai, etc.

         F7M   Dm7   C7
De chicote, cara feia, domador fica mais forte
                      F
Meia volta, volta e meia, meia vida, meia morte
   F7M   D7   Gm
Terminando seu batente de repente a fera some
          A7   Dm
Domador que era valente noutra esfera se consome
           Gm   C7   F
Seu amor, indiferente, sua vida e sua fome.

Vai, vai, vai, etc.

           F7M
Fala o fole da sanfona
    Dm7   C7
Fala a flauta pequenina que o melhor vai vir agora
           F
Que desponta a bailarina
   F7M   D7   Gm
Que seu corpo é de senhora que seu rosto é de menina
           A7   Dm
Quem chorava já não chora, quem cantava desafina
           Gm   C7   F
Porque a dança só termina quando a noite for embora

   C7   F
Vai, vai, vai, terminar a brincadeira
     D7   G
Que a charanga tocou a noite inteira
    E7   Am
Morre o circo renasce na lembrança
                       Bb7M
           C7   F C F
Foi-se embora, e eu ainda era criança

O Mar

Canção Praieira

Dorival Caymmi

F
C6
F
F
Bbm6
F
Bbm6
F
Bbm6
F
mais vivo
E
C#m7
A/B
E/B
B7
E
A/B
(Voz) mais vivo
E7M
F#m7
G#m7
F#m7
E7M
C#7
F#m7
B7
F#m7
B7
F#m7
B7

F♯m7
B7
E
A/B
E7M
F♯m7
G♯m7
F♯m7
E7M
C♯7
F♯m7
B7
F♯m7
B7
F♯m7
B7
F♯m7
B7
E
A/B
E7M
F♯m7
G♯m7
F♯m7
E7M
F♯m

F♯m7
A/B
B7
F♯m7
B7
F♯m7
B7
E
F♯m7 B9-
E
B7
Rall.
I Tempo
E
C♯m7
A/B
B7
E
A/B
E
F
Dm7
B♭/C
C7
F
F7M
B♭/C
C7
F
E
C♯m7
A/B
B7
E
B7
E

TOM — Mi MAIOR
E B7 E

Introdução: F Eb7 F7M C9- Bb/F

             A
E C#m7 B
O Mar...
               E
         B
Quando quebra na praia
 B7   E
É bonito... é bonito

     Bb
F   F
O Mar... F

      Bb
   C   F
Pescador quando sai
    4
Csusp F
Nunca sabe se volta
    4
Csusp F
Nem sabe se fica

  Bbm6 F
Quanta gente perdeu
  Bbm6
Seus "marido"...seus "filhos"
   F
Nas ondas do mar

           A
E C#m7 B
O Mar...
               E
         B
Quando quebra na praia
 B7   E
É bonito... é bonito

A
B E7M   F#m7
   Pedro vivia da pesca
     G#m7
Saía no barco
      F#m7
Seis horas da tarde
    E7M
Só vinha na hora
  C#7 F#m7
Do sol "raiá"
B7   F#m7
Todos gostavam de Pedro
   B7
E mais do que todos
  F#m7
Rosinha de Chica
  B7
A mais bonitinha
        F#m7
E mais "bem feitinha"
   B7
De todas mocinha
         A
     E B
Lá do "arraiá"

E7M   F#m7
Pedro saiu no seu barco
    G#m7
Seis hora da tarde
      F#m7
Passou toda a noite
          E7M C#7 F#m7
E não veio na hora do sol raiá
B7   F#m7
Deram com o corpo de Pedro
  B7
Jogado na praia
   F#m7
Roído de peixe
      B7
Sem barco, sem nada
      F#m7
Num canto bem longe
  B7 E
Lá do "arraiá"

E7M   F#m7
Pobre Rosinha de Chica
   G#m7
Que era bonita
   F#m7   E7M F#m7
Agora parece que endoideceu
A B7   F#m7
B Vive na beira da praia
       B7
Olhando p'ras ondas
    F#m7
Rodando... andando...
    B7
Dizendo baixinho
        E F#m7 B9-
Morreu... morreu...
      E
Morreu... morreu...
B7
Oh!
            A
E C#m7 B
O Mar...
 B7   E
Quando quebra na praia
      A
      B   E
É bonito... é bonito

VOLUME 1

ABISMO DE ROSAS
ÁGUAS DE MARÇO
ALEGRIA, ALEGRIA
AMANTE À MODA ANTIGA
AMIGO
A NOITE DO MEU BEM
APANHEI-TE, CAVAQUINHO
APELO
AQUARELA BRASILEIRA
ARROMBOU A FESTA
AS ROSAS NÃO FALAM
ATRÁS DA PORTA
BACHIANAS BRASILEIRAS Nº 5
BOA NOITE, AMOR
BOATO
CAÇADOR DE MIM
CAFÉ DA MANHÃ
CANÇÃO QUE MORRE NO AR
CARCARÁ
CARINHOSO
CAROLINA
CHÃO DE ESTRELAS
CIDADE MARAVILHOSA
CONCEIÇÃO
DÁ NELA
DE CONVERSA EM CONVERSA
DEUSA DA MINHA RUA
DISSE ME DISSE
DORINHA, MEU AMOR
DUAS CONTAS
EMOÇÕES
ESMERALDA
ESSES MOÇOS
ESTÃO VOLTANDO AS FLORES
ESTRADA DA SOLIDÃO
FESTA DO INTERIOR
FIM DE SEMANA EM PAQUETÁ
FIO MARAVILHA
FLOR AMOROSA
FOLHAS SÊCAS
GAROTA DE IPANEMA
GENTE HUMILDE
GOSTO QUE ME ENROSCO
INFLUÊNCIA DO JAZZ
JANGADEIRO
JANUÁRIA
JURA
LADY LAURA
LÁGRIMAS DE VIRGEM
LATA D'ÁGUA

LIGIA
LUAR DO SERTÃO
LUIZA
MARVADA PINGA
MATRIZ OU FINAL
MEU BEM QUERER
MEUS TEMPOS DE CRIANÇA
MODINHA
NA PAVUNA
NÃO DÁ MAIS PRA SEGURAR (EXPLODE CORAÇÃO)
NÃO EXISTE PECADO AO SUL DO EQUADOR
NÃO IDENTIFICADO
NOSSOS MOMENTOS
Ó ABRE ALAS
O BÊBADO E A EQUILIBRISTA
O MORRO NÃO TEM VEZ
ONDE ANDA VOCÊ
OS SEUS BOTÕES
O TEU CABELO NÃO NÉGA
PARALELAS
PELA LUZ DOS OLHOS TEUS
PELO TELEFONE
PÉTALA
PRELÚDIO PARA NINAR GENTE GRANDE
QUANDO VIM DE MINAS
REFÉM DA SOLIDÃO
REGRA TRÊS
ROMARIA
RONDA
SAMBA EM PRELÚDIO
SE ELA PERGUNTAR
SEI LÁ MANGUEIRA
SERRA DA BOA ESPERANÇA
SERTANEJA
SE TODOS FOSSEM IGUAIS A VOCÊ
SÓ DANÇO SAMBA
SONS DE CARRILHÕES
SUBINDO AO CÉU
TERNURA ANTIGA
TICO-TICO NO FUBÁ
TRAVESSIA
TREM DAS ONZE
TROCANDO EM MIÚDOS
TUDO ACABADO
ÚLTIMO DESEJO
ÚLTIMO PAU DE ARARA
VALSINHA
VASSOURINHA
VERA CRUZ
VIAGEM

VOLUME 2

AÇAÍ
A DISTÂNCIA
A FLOR E O ESPINHO
A MONTANHA
ANDRÉ DE SAPATO NOVO
ATÉ AMANHÃ
ATÉ PENSEI
ATRÁS DO TRIO ELÉTRICO
A VIDA DO VIAJANTE
BATIDA DIFERENTE
BLOCO DA SOLIDÃO
BONECA
BREJEIRO
CHEIRO DE SAUDADE
CHICA DA SILVA
CHOVE CHUVA
CHUVA, SUOR E CERVEJA
CHUVAS DE VERÃO
CADEIRA VAZIA
CANÇÃO DO AMANHECER
CANTO DE OSSANHA
DA COR DO PECADO
DINDI
DOMINGO NO PARQUE
ELA É CARIOCA
EU SONHEI QUE TU ESTAVAS TÃO LINDA
EXALTAÇÃO À BAHIA
EXALTAÇÃO A TIRADENTES
FÉ
FEITIÇO DA VILA
FOI A NOITE
FOLHAS MORTAS
FORÇA ESTRANHA
GALOS, NOITES E QUINTAIS
HOJE
IMPLORAR
INÚTIL PAISAGEM
JESUS CRISTO
LAMENTOS
LEMBRANÇAS
MARIA NINGUÉM
MARINA
MAS QUE NADA
MEU PEQUENO CACHOEIRO
MEU REFRÃO
MOLAMBO
MULHER RENDEIRA
MORMAÇO
MULHER
NOITE DOS NAMORADOS

NO RANCHO FUNDO
NOVA ILUSÃO
Ó PÉ DE ANJO
OBSESSÃO
ODEON
O DESPERTAR DA MONTANHA
OLHOS VERDES
O MENINO DE BRAÇANÃ
O MUNDO É UM MOINHO
ONDE ESTÃO OS TAMBORINS
O ORVALHO VEM CAINDO
O QUE É AMAR
PAÍS TROPICAL
PASTORINHAS
PIERROT APAIXONADO
PISA NA FULÔ
PRA DIZER ADEUS
PRA FRENTE BRASIL
PRA QUE MENTIR?
PRA SEU GOVERNO
PRIMAVERA (VAI CHUVA)
PROPOSTA
QUASE
QUANDO EU ME CHAMAR SAUDADE
QUEREM ACABAR COMIGO
RANCHO DA PRAÇA ONZE
RETALHOS DE CETIM
RETRATO EM BRANCO E PRETO
RODA VIVA
SÁBADO EM COPACABANA
SAMBA DE ORFEU
SÁ MARINA
SAUDADES DE OURO PRETO
SAUDOSA MALOCA
SE ACASO VOCÊ CHEGASSE
SEGREDO
SEM FANTASIA
TARDE EM ITAPOAN
TATUAGEM
TERRA SÊCA
TESTAMENTO
TORÓ DE LÁGRIMAS
TRISTEZA
TRISTEZAS NÃO PAGAM DÍVIDAS
ÚLTIMA FORMA
VAGABUNDO
VAI LEVANDO
VAMOS DAR AS MÃOS E CANTAR
VÊ SE GOSTAS
VIVO SONHANDO

VOLUME 3

A BAHIA TE ESPERA
ABRE A JANELA
ADEUS BATUCADA
AGORA É CINZA
ÁGUA DE BEBER
AMADA AMANTE
AMIGA
AQUELE ABRAÇO
A RITA
ASA BRANCA
ASSUM PRETO
A VOLTA DO BOÊMIO
ATIRASTE UMA PEDRA
BARRACÃO
BERIMBAU
BODAS DE PRATA
BOIADEIRO
BOTA MOLHO NESTE SAMBA
BOTÕES DE LARANJEIRA
CAMINHEMOS
CANSEI DE ILUSÕES
CAPRICHOS DE AMOR
CASA DE CABOCLO
CASTIGO
CHORA TUA TRISTEZA
COM AÇÚCAR, COM AFETO
COM QUE ROUPA
CONSELHO
DEBAIXO DOS CARACÓIS DE SEUS CABELOS
DISSERAM QUE EU VOLTEI AMERICANIZADA
DOIS PRA LÁ, DOIS PRA CÁ
ÉBRIO
É COM ESSE QUE EU VOU
ELA DISSE-ME ASSIM (VAI EMBORA)
ESTRELA DO MAR (UM PEQUENINO GRÃO DE AREIA)
EU E A BRISA
EU DISSE ADEUS
EXALTAÇÃO À MANGUEIRA
FALA MANGUEIRA
FAVELA
FOLHETIM
GENERAL DA BANDA
GRITO DE ALERTA
INGÊNUO
LÁBIOS QUE BEIJEI
LOUVAÇÃO
MANIAS
ME DEIXE EM PAZ
MEU BEM, MEU MAL
MEU MUNDO CAIU

MOCINHO BONITO
MORENA FLOR
MORRO VELHO
NA BAIXA DO SAPATEIRO (BAHIA)
NA RUA, NA CHUVA, NA FAZENDA
NÃO TENHO LÁGRIMAS
NEM EU
NESTE MESMO LUGAR
NOITE CHEIA DE ESTRELAS
NOSSA CANÇÃO
O AMOR EM PAZ
O MOÇO VELHO
O PEQUENO BURGUÊS
OPINIÃO
O PORTÃO
O TIC TAC DO MEU CORAÇÃO
PAZ DO MEU AMOR
PEDACINHOS DO CÉU
PIVETE
PONTEIO
POR CAUSA DE VOCÊ MENINA
PRA MACHUCAR MEU CORAÇÃO
PRIMAVERA
PRIMAVERA NO RIO
PROCISSÃO
QUEM TE VIU, QUEM TE VÊ
QUE PENA
QUE SERÁ
REALEJO
RECADO
REZA
ROSA
ROSA DE MAIO
ROSA DOS VENTOS
SAMBA DO ARNESTO
SAMBA DO AVIÃO
SAMBA DO TELECO-TECO
SAMURAI
SAUDADE DA BAHIA
SAUDADE DE ITAPOAN
SE VOCÊ JURAR
SE NÃO FOR AMOR
SÓ LOUCO
TAJ MAHAL
TEM MAIS SAMBA
TRISTEZAS DO JECA
TUDO É MAGNÍFICO
VINGANÇA
VOCÊ
ZELÃO

VOLUME 4

- ALÉM DO HORIZONTE
- AMOR CIGANO
- APENAS UM RAPAZ LATINO AMERICANO
- ARGUMENTO
- ARRASTA A SANDÁLIA
- ATIRE A PRIMEIRA PEDRA
- A VOZ DO VIOLÃO
- BAIÃO
- BAIÃO DE DOIS
- BANDEIRA BRANCA
- BEIJINHO DOCE
- CABELOS BRANCOS
- CAMA E MESA
- CAMISOLA DO DIA
- CANÇÃO DE AMOR
- CANTA BRASIL
- CASA DE BAMBA
- CASCATA DE LÁGRIMAS
- COMO É GRANDE O MEU AMOR POR VOCÊ
- COMEÇARIA TUDO OUTRA VEZ
- COMO DIZIA O POETA
- CONVERSA DE BOTEQUIM
- COPACABANA
- COTIDIANO
- CURARE
- DELICADO
- DESACATO
- DE PAPO PRO Á
- DE TANTO AMOR
- DISRITMIA
- DOCE DE CÔCO
- DÓ-RÉ-MI
- É LUXO SÓ
- EVOCAÇÃO
- FALTANDO UM PEDAÇO
- FEITIO DE ORAÇÃO
- GOSTAVA TANTO DE VOCÊ
- GOTA D'ÁGUA
- JARDINEIRA
- LAURA
- LEVANTE OS OLHOS
- LINDA FLOR
- LOBO BÔBO
- MANHÃ DE CARNAVAL
- MANINHA
- MENINO DO RIO
- MENSAGEM
- MEU CONSOLO É VOCÊ
- MIMI
- MINHA
- MINHA NAMORADA
- MINHA TERRA
- MULHERES DE ATENAS
- NA CADÊNCIA DO SAMBA
- NA GLÓRIA
- NADA ALÉM
- NÃO SE ESQUEÇA DE MIM
- NAQUELA MESA
- NÃO TEM SOLUÇÃO
- NATAL DAS CRIANÇAS
- NERVOS DE AÇO
- NINGUÉM ME AMA
- NONO MANDAMENTO
- NUNCA MAIS
- O BARQUINHO
- O CIRCO
- O INVERNO DO MEU TEMPO
- OLHA
- OLHOS NOS OLHOS
- O MAR
- O PATO
- O PROGRESSO
- O QUE EU GOSTO DE VOCÊ
- O SAMBA DA MINHA TERRA
- O SOL NASCERÁ
- O SURDO
- OS ALQUIMISTAS ESTÃO CHEGANDO
- OS QUINDINS DE YAYÁ
- PARA VIVER UM GRANDE AMOR
- PASSAREDO
- PÉROLA NEGRA
- PIERROT
- QUANDO
- QUEM HÁ DE DIZER
- RIO
- SAIA DO CAMINHO
- SE É TARDE ME PERDOA
- SONOROSO
- SUGESTIVO
- SÚPLICA CEARENSE
- TÁ-HI!
- TEREZINHA
- TEREZA DA PRAIA
- TRANSVERSAL DO SAMBA
- TRÊS APITOS
- ÚLTIMA INSPIRAÇÃO
- UPA NEGUINHO
- URUBÚ MALANDRO

VOLUME 5

ACALANTO
ACORDA MARIA BONITA
A FONTE SECOU
AGORA NINGUÉM CHORA MAIS
A JANGADA VOLTOU SÓ
ALÔ, ALÔ, MARCIANO
AOS PÉS DA CRUZ
APESAR DE VOCÊ
A PRIMEIRA VEZ
ARRASTÃO
AS CURVAS DA ESTRADA DE SANTOS
A TUA VIDA É UM SEGREDO
AVE MARIA (SAMBA)
AVE MARIA (VALSA)
AVE MARIA NO MORRO
BALANÇO DA ZONA SUL
BASTIDORES
BEM-TE-VI ATREVIDO
BLOCO DO PRAZER
BORANDÁ
BRASILEIRINHO
BRASIL PANDEIRO
CABOCLO DO RIO
CASTIGO
CAMISA LISTADA
CAPRICHOS DO DESTINO
CHOVE LÁ FORA
CHUÁ-CHUÁ
COMO NOSSOS PAIS
CONSTRUÇÃO
COTIDIANO Nº 2
DANÇA DOS SETE VÉUS (SALOMÉ)
DETALHES
DIA DE GRAÇA
DOCE VENENO
DORA
EMÍLIA
ESSE CARA
EU AGORA SOU FELIZ
EU BEBO SIM
EU TE AMO MEU BRASIL
EXPRESSO 2222
FALSA BAIANA
FERA FERIDA
FIM DE CASO
FITA AMARELA
FOI UM RIO QUE PASSOU EM MINHA VIDA
FOLIA NO MATAGAL
GAVIÃO CALÇUDO
GAÚCHO (CORTA JACA)

HOMEM COM H
HOMENAGEM AO MALANDRO
INQUIETAÇÃO
INSENSATEZ
JARRO DA SAUDADE
JOÃO E MARIA
KALÚ
LUA BRANCA
MÁGOAS DE CABOCLO (CABOCLA)
MARIA
MARINGÁ
MEIGA PRESENÇA
MENINA MOÇA
MEU CARIRI
MEU CARO AMIGO
MORENA DOS OLHOS D'ÁGUA
MULATA ASSANHADA
NÃO DEIXE O SAMBA MORRER
NÃO ME DIGA ADEUS
NEGUE
NICK BAR
NINGUÉM É DE NINGUÉM
NUNCA
OCULTEI
O QUE SERÁ (A FLOR DA TERRA)
O SHOW JÁ TERMINOU
O TROVADOR
OUÇA
PALPITE INFELIZ
PENSANDO EM TI
PONTO DE INTERROGAÇÃO
POR CAUSA DE VOCÊ
PRA VOCÊ
QUANDO AS CRIANÇAS SAÍREM DE FÉRIAS
QUE MARAVILHA
RISQUE
RAPAZIADA DO BRAZ
SAMBA DA BENÇÃO
SAUDADE DE PÁDUA
SAUDADE FEZ UM SAMBA
SE QUERES SABER
SÓ COM VOCÊ TENHO PAZ
SORRIS DA MINHA DOR
SUAS MÃOS
TIGRESA
VELHO REALEJO
VOCÊ ABUSOU
VOCÊ EM MINHA VIDA
VOLTA POR CIMA
XICA DA SILVA

VOLUME 6

A BANDA
AS CANÇÕES QUE VOCÊ FEZ PRA MIM
AH! COMO EU AMEI
AI! QUEM ME DERA
ALGUÉM COMO TU
ALGUÉM ME DISSE
ALÔ ALÔ
ANDANÇA
ANOS DOURADOS
AVENTURA
BILHETE
CHARLIE BROWN
CABELOS NEGROS
CACHOEIRA
CAMUNDONGO
CANÇÃO DA MANHÃ FELIZ
CANÇÃO DA VOLTA
CHEGA DE SAUDADE
CHORA CAVAQUINHO
CHOVENDO NA ROSEIRA
CHUVA DE PRATA
COISAS DO BRASIL
COMEÇAR DE NOVO
CORAÇÃO APAIXONADO
CORAÇÃO APRENDIZ
CORAÇÃO ATEU
CORAÇÃO DE ESTUDANTE
CORCOVADO
DÁ-ME
DE VOLTA PRO ACONCHEGO
DEIXA
DEIXA EU TE AMAR
DESAFINADO
É DOCE MORRER NO MAR
ENCONTROS E DESPEDIDAS
ESTA NOITE EU QUERIA QUE O MUNDO ACABASSE
EU SEI QUE VOU TE AMAR
EU SÓ QUERO UM XODÓ
EU TE AMO
ESCRITO NAS ESTRELAS
FLOR DE LIS
ISTO AQUI O QUE É
JURAR COM LÁGRIMAS
KID CAVAQUINHO
LUA E ESTRELA
LUAR DE PAQUETÁ
LUZ DO SOL
MARIA MARIA
MÁSCARA NEGRA
MINHA PALHOÇA (SE VOCÊ QUIZESSE)

MISTURA
MORENA BOCA DE OURO
NANCY
NO TABULEIRO DA BAIANA
NOS BAILES DA VIDA
NOITES CARIOCAS
NOSSA SENHORA DAS GRAÇAS
O "DENGO" QUE A NEGA TEM
O MENINO DA PORTEIRA
O SANFONEIRO SÓ TOCAVA ISSO
O TRENZINHO DO CAIPIRA
OS PINTINHOS NO TERREIRO
ODARA
ORGULHO
OUTRA VEZ
OVELHA NEGRA
PAPEL MARCHÉ
PEDIDO DE CASAMENTO
PEGA RAPAZ
PISANDO CORAÇÕES
PRECISO APRENDER A SER SÓ
PRIMEIRO AMOR
QUE BATE FUNDO É ESSE?
QUERO QUE VÁ TUDO PRO INFERNO
QUIXERAMOBIM
RASGUEI O TEU RETRATO
SABIÁ
SAMBA DE UMA NOTA SÓ
SAMBA DE VERÃO
SAMBA DO CARIOCA
SAMBA DO PERDÃO
SAXOFONE, PORQUE CHORAS?
SE DEUS ME OUVISSE
SE EU QUISER FALAR COM DEUS
SEI QUE É COVARDIA... MAS
SENTADO À BEIRA DO CAMINHO
SERENATA SUBURBANA
SETE MARIAS
SINA
SOLIDÃO
TRISTEZA DANADA
UM A ZERO (1 x 0)
VAI PASSAR
VIDE VIDA MARVADA
VIOLA ENLUARADA
VIOLÃO NÃO SE EMPRESTA A NINGUÉM
VOCÊ E EU
WAVE
ZÍNGARA
ZINHA

VOLUME 7

A FELICIDADE
A MAJESTADE O SABIÁ
A SAUDADE MATA A GENTE
A VOZ DO MORRO
ÁLIBI
ALMA
ANDORINHA PRETA
ANTONICO
AS PRAIAS DESERTAS
AS VOZES DOS ANIMAIS
AVE MARIA
AZUL
AZUL DA COR DO MAR
BABY
BANDEIRA DO DIVINO
BALADA DO LOUCO
BALADA TRISTE
BATUQUE NO MORRO
BEIJO PARTIDO
BOLINHA DE PAPEL
BONECA DE PIXE
BRANCA
CAMISA AMARELA
CANÇÃO DA AMÉRICA
CASA NO CAMPO
CASINHA DA MARAMBAIA
CÉU E MAR
COMO UMA ONDA
COMO VAI VOCÊ
CORAÇÃO APRENDIZ
DAS ROSAS
DE CORAÇÃO PRA CORAÇÃO
DENTRO DE MIM MORA UM ANJO
DESLIZES
DEZESSETE E SETECENTOS
ERREI, ERRAMOS
ESQUINAS
EU DARIA MINHA VIDA
EU TE AMO VOCÊ
ÊXTASE
FICA COMIGO ESTA NOITE
FOI ELA
FOGÃO
GAROTO MAROTO
IZAURA
JUVENTUDE TRANSVIADA
LAMPIÃO DE GÁS
LAPINHA
LEVA MEU SAMBA (MEU PENSAMENTO)
LILÁS

LONDON LONDON
MADALENA
MAMÃE
MARCHA DA QUARTA-FEIRA DE CINZAS
MOÇA
MORO ONDE NÃO MORA NINGUÉM
MUITO ESTRANHO
NADA POR MIM
NADA SERÁ COMO ANTES
NAMORADINHA DE UM AMIGO MEU
NÃO QUERO VER VOCÊ TRISTE
NEM MORTA
NÓS E O MAR
O LADO QUENTE DO SER
O QUE É QUE A BAIANA TEM
O TREM AZUL
OS MENINOS DA MANGUEIRA
PALCO
PÃO E POESIA
PARA LENNON E McCARTNEY
PEDE PASSAGEM
PEGANDO FOGO
PEGUEI UM "ITA" NO NORTE
POEMA DAS MÃOS
PRA COMEÇAR
PRA NÃO DIZER QUE NÃO FALEI DAS FLORES
QUEM É
QUEM SABE
RAPAZ DE BEM
RECADO
ROQUE SANTEIRO
ROSA MORENA
ROTINA
SAMPA
SANGRANDO
SAUDADES DE MATÃO
SEDUZIR
SÓ EM TEUS BRAÇOS
SÓ TINHA DE SER COM VOCÊ
SORTE
TELEFONE
TEMA DE AMOR DE GABRIELA
TRISTE MADRUGADA
UM DIA DE DOMINGO
UM JEITO ESTÚPIDO DE TE AMAR
UMA NOITE E MEIA
VAGAMENTE
VOCÊ É LINDA
VOLTA
XAMEGO

VOLUME 8

A LENDA DO ABAETÉ
A LUA E EU
A VOLTA
ADOCICA
AGUENTA CORAÇÃO
AI! QUE SAUDADES DA AMÉLIA
AMANHÃ
AMÉRICA DO SUL
ANTES QUE SEJA TARDE
AZULÃO
BACHIANAS BRASILEIRAS nº4
BAHIA COM H
BANDOLINS
BANHO DE CHEIRO
BEATRIZ
BOI BUMBÁ
CAIS
CANÇÃO DA CRIANÇA
CANÇÃO DO AMOR DEMAIS
CODINOME BEIJA-FLOR
COM MAIS DE 30
COMUNHÃO
CORAÇÃO DE PAPEL
DANÇANDO LAMBADA
DESABAFO
DESESPERAR JAMAIS
DISPARADA
DONA
EGO
ESMOLA
ESPANHOLA
ESPINHA DE BACALHAU
ETERNAS ONDAS
EU DEI
EU NÃO EXISTO SEM VOCÊ
FACEIRA
FÃ Nº 1
FANATISMO
FARINHADA
FLOR DO MAL
FOI ASSIM
FORRÓ NO CARUARÚ
FRACASSO
FUSCÃO PRETO
GOSTOSO DEMAIS
GITA
HINO DO CARNAVAL BRASILEIRO
ILUSÃO À TOA
ISTO É LÁ COM SANTO ANTÔNIO
JURA SECRETA

LÁBIOS DE MEL
LEVA
LINHA DO HORIZONTE
LUA E FLOR
LUZ NEGRA
ME CHAMA
MEIA LUA INTEIRA
MERGULHO
MEU QUERIDO, MEU VELHO, MEU AMIGO
MEU MUNDO E NADA MAIS
MEXERICO DA CANDINHA
MUCURIPE
NA BATUCADA DA VIDA
NA HORA DA SEDE
NA SOMBRA DE UMA ÁRVORE
NÓS QUEREMOS UMA VALSA
NUVEM DE LÁGRIMAS
O AMANHÃ
O HOMEM DE NAZARETH
OLÊ - OLÁ
O MESTRE SALA DOS MARES
O SAL DA TERRA
OCEANO
ONDE ESTÁ O DINHEIRO?
O XÓTE DAS MENINAS
PEDRO PEDREIRO
PEQUENINO CÃO
PIOR É QUE EU GOSTO
PODRES PODERES
QUEM AMA, NÃO ENJOA
REALCE
REVELAÇÃO
SÁBADO
SAIGON
SAUDADE
SEM COMPROMISSO
SCHOTTIS DA FELICIDADE
SIGA
SURURÚ NA CIDADE
TALISMÃ
TEM CAPOEIRA
TETÊ
TIETA
UMA LOIRA
UMA NOVA MULHER
UNIVERSO NO TEU CORPO
VERDADE CHINESA
VIDA DE BAILARINA
VOCÊ JÁ FOI À BAHIA?
VITORIOSA

VOLUME 9

- A COR DA ESPERANÇA
- A PAZ
- ACONTECE
- ACONTECIMENTOS
- ADMIRÁVEL GADO NOVO
- AMOR DE ÍNDIO
- AMOROSO
- AOS NOSSOS FILHOS
- APARÊNCIAS
- ARREPENDIMENTO
- AVES DANINHAS
- BAIÃO CAÇULA
- BAILA COMIGO
- BANHO DE ESPUMA
- BEIJA-ME
- BIJUTERIAS
- BOAS FESTAS
- BOM DIA TRISTEZA
- BRIGAS NUNCA MAIS
- BRINCAR DE VIVER
- CÁLICE
- CASINHA BRANCA
- CASO COMUM DE TRÂNSITO
- CHOROS Nº 1
- COISA MAIS LINDA
- COMEÇO, MEIO E FIM
- CORAÇÃO LEVIANO
- CORRENTE DE AÇO
- DÁ-ME TUAS MÃOS
- DE ONDE VENS
- DEVOLVI
- DOLENTE
- E NADA MAIS
- E SE
- ESPELHOS D´ÁGUA
- ESPERE POR MIM, MORENA
- ESTÁCIO HOLLY ESTÁCIO
- ESTRANHA LOUCURA
- EU APENAS QUERIA QUE VOCÊ SOUBESSE
- FACE A FACE
- FAZ PARTE DO MEU SHOW
- FÉ CEGA, FACA AMOLADA
- FEIA
- FEIJÃOZINHO COM TORRESMO
- FIM DE NOITE
- FITA MEUS OLHOS
- FOI ASSIM
- FOTOGRAFIA
- GUARDEI MINHA VIOLA
- HOMENAGEM A VELHA GUARDA
- IDEOLOGIA
- ILUMINADOS
- JOU-JOU BALANGANDANS
- LAMENTO NO MORRO
- LINDO BALÃO AZUL
- LINHA DE PASSE
- MALUCO BELEZA
- MANHÃS DE SETEMBRO
- MANIA DE VOCÊ
- MEDITAÇÃO
- MEU DRAMA
- MINHA RAINHA
- MORRER DE AMOR
- NOSTRADAMUS
- O POETA APRENDIZ
- O TREM DAS SETE
- OLHE O TEMPO PASSANDO
- ORAÇÃO DE MÃE MENININHA
- PEDAÇO DE MIM
- PEGUEI A RETA
- PELO AMOR DE DEUS
- PERIGO
- POXA
- PRANTO DE POETA
- PRECISO APRENDER A SÓ SER
- PRELÚDIO
- PRELÚDIO Nº 3
- PRO DIA NASCER FELIZ
- QUALQUER COISA
- QUANDO O TEMPO PASSAR
- RANCHO DO RIO
- RATO RATO
- RENÚNCIA
- RIO DE JANEIRO (ISTO É MEU BRASIL)
- SAUDADE QUERIDA
- SEM PECADO E SEM JUÍZO
- SENTINELA
- SEPARAÇÃO
- SEREIA
- SERENATA DA CHUVA
- SOL DE PRIMAVERA
- SOMOS IGUAIS
- SONHOS
- SORRIU PRA MIM
- TELETEMA
- TODA FORMA DE AMOR
- TODO AZUL DO MAR
- TRISTEZA DE NÓS DOIS
- UM SER DE LUZ
- UMA JURA QUE FIZ

VOLUME 10

A LUA QUE EU TE DEI
A MULHER FICOU NA TAÇA
A TERCEIRA LÂMINA
ACELEROU
ALVORECER
AMAR É TUDO
ASSIM CAMINHA A HUMANIDADE
AVE MARIA DOS NAMORADOS
BLUES DA PIEDADE
BOM DIA
BYE BYE BRASIL
CALÚNIA
CASO SÉRIO
CHORANDO BAIXINHO
CHUVA
CIGANO
CIRANDEIRO
CLUBE DA ESQUINA Nº 2
COISA FEITA
COR DE ROSA CHOQUE
CORAÇÃO VAGABUNDO
DEUS LHE PAGUE
DEVOLVA-ME
DIVINA COMÉDIA HUMANA
DOM DE ILUDIR
É DO QUE HÁ
É O AMOR
ENTRE TAPAS E BEIJOS
ESPERANDO NA JANELA
ESQUADROS
ESTE SEU OLHAR
ESTRADA AO SOL
ESTRADA DA VIDA
EU VELEJAVA EM VOCÊ
FEITINHA PRO POETA
FEZ BOBAGEM
FORMOSA
FULLGAS
GOOD BYE BOY
INFINITO DESEJO
IRACEMA
JOÃO VALENTÃO
JUÍZO FINAL
LANÇA PERFUME
LATIN LOVER
LEÃO FERIDO
LUA DE SÃO JORGE
LUZ E MISTÉRIO
MAIS FELIZ
MAIS UMA VALSA, MAIS UMA SAUDADE
MALANDRAGEM
MENTIRAS
METADE
METAMORFOSE
MINHA VIDA
MINHAS MADRUGADAS
NÃO ME CULPES
NÃO TEM TRADUÇÃO
NAQUELA ESTAÇÃO
NÚMERO UM
O QUE É, O QUE É
O QUE TINHA DE SER
O SONHO
O TEMPO NÃO PARA
OBA LA LA
ONTEM AO LUAR
OURO DE TOLO
PARTIDO ALTO
PAU DE ARARA
PEDACINHOS
PELA RUA
PENSAMENTOS
PODER DE CRIAÇÃO
POR CAUSA DESTA CABOCLA
POR ENQUANTO
POR QUEM SONHA ANA MARIA
PORTA ESTANDARTE
PRA QUE DINHEIRO
PRAÇA ONZE
PRECISO DIZER QUE TE AMO
PRECISO ME ENCONTRAR
PUNK DA PERIFERIA
RAINHA PORTA-BANDEIRA
RESPOSTA AO TEMPO
RIO
SE...
SEI LÁ A VIDA TEM SEMPRE RAZÃO
SENTIMENTAL DEMAIS
SERENATA DO ADEUS
SINAL FECHADO
SÓ PRA TE MOSTRAR
SOZINHO
SUAVE VENENO
TRISTE
VALSA DE REALEJO
VIAGEM
VILA ESPERANÇA
VOCÊ
VOU VIVENDO

IMPRESSO EM FEVEREIRO/2011

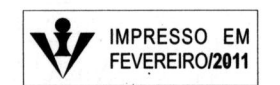